Curso

*La diferencia entre aprobar
y sacar plaza*

Grupo Administrativo de la Función Administrativa

SERVICIO CANARIO DE SALUD

Si aún no dispones de tu **Curso MAD360**, te ofrecemos un acceso GRATIS de 30 días para que disfrutes de los siguientes recursos:

- Técnicas de Memoria 360.
- MADTEST: Test *online* Nivel PRO.
- Temario en formato digital.
- Vídeos y esquemas.
- Planificación de estudio.
- Foro entre opositores hasta la fecha del examen.*
- Recursos y novedades exclusivas.
- Consúltanos sobre tu oposición y proceso selectivo.
- Actualizaciones legislativas (Boletines Oficiales) hasta 60 días antes de la fecha del examen.*

Para acceder a esta prueba del Curso MAD360** será necesaria la compra de todos los libros para esta especialidad de la edición 2025.

Regístrate en **mad.es/iniciar-sesion** y en la pestaña MIS CURSOS valida los códigos que encuentras en la última página de tus libros.

NOTA IMPORTANTE:

* Examen de esta categoría profesional correspondiente a la convocatoria publicada en el BOC n.º 116, de 13 de junio de 2025, o hasta el 31 de octubre de 2026, lo que se cumpla antes, y previa renovación del servicio.

** El acceso al CURSO MAD360 estará disponible desde octubre de 2025 (algunos recursos podrían estar disponibles en fecha posterior). Tendrá una duración de 30 días RENOVABLES mediante pago, desde la validación de códigos, o hasta el 30 de abril de 2027, lo que se cumpla antes.

MAD se reserva el derecho a ampliar dichas fechas.

Grupo Administrativo de la Función Administrativa del Servicio Canario de Salud

Octubre 2025

Grupo Administrativo de la Función Administrativa del Servicio Canario de Salud

Test del temario

EDITORES

Autores

FRANCISCO JESÚS TORRES FONSECA
Licenciado en Derecho

PATRICIA PÉREZ SÁNCHEZ-ROMATE
Licenciada en Derecho

MIGUEL ÁNGEL NAVAS DUEÑAS
Ingeniero Superior en Telecomunicaciones
Profesor de Informática de Ciclos Formativos de Grado Medio y Bachillerato

SERGIO JIMENO MOLINS
Ingeniero Superior en Telecomunicaciones
Profesor de Educación Secundaria Obligatoria y Bachillerato

LIDIA MARINA PONCE MARTÍNEZ
Licenciada en Psicología

JOSÉ LUIS GARRIDO VELA
Licenciado en Derecho

© 7 Editores Recursos para la Cualificación Profesional y el Empleo, S.L. (7 Editores)
© Los autores
Segunda edición, octubre 2025 (186 páginas)
Derechos de edición reservados a favor de 7 Editores
IMPRESO EN ESPAÑA
Diseño Portada: 7 Editores
Edita: 7 Editores
Avda. San Francisco Javier, 9 · Edificio Sevilla 2 · Planta 11 · Módulos 25-27 · 41018 Sevilla
Teléfono: 954 784 411 · WEB: www.mad.es · e-mail: administracion@7editores.com
ISBN: 979-13-702-8133-5
© "Editorial Mad" y "Eduforma" son nombres comerciales registrados de
7 Editores Recursos para la Cualificación Profesional y el Empleo, S.L.

Índice

TEST N.º 1

Valores superiores y principios inspiradores de la Constitución Española de 1978. Título I: De los derechos y deberes fundamentales. Artículo 43: el Derecho a la protección de la salud

1. ¿En qué se fundamenta la Constitución Española?

a) En un Estado social y democrático de Derecho.
b) En la indisoluble unidad de la Nación española.
c) En la independencia de los poderes del Estado.
d) En la organización territorial del Estado.

2. Según el artículo 3 de la CE, el castellano es la lengua oficial del Estado y todos los españoles:

a) Tienen el deber de usar y el derecho de conocer el castellano.
b) Tienen el derecho y el deber de conocer el castellano.
c) Tienen el deber de conocer y el derecho de usar el castellano.
d) Tienen el derecho de conocer y usar el castellano.

3. La Constitución Española reconoce y garantiza el derecho a la autonomía:

a) De las nacionalidades que la integran.
b) De las regiones que la integran.
c) De las Comunidades Autónomas que la integran.
d) De las nacionalidades y regiones que la integran.

4. El Preámbulo de la Constitución:

a) Tiene en sí carácter de norma jurídica.
b) Es una declaración de intenciones, destinada a interpretar lo que se quiere alcanzar con el contenido normativo de la Constitución.
c) Se trata de un texto sin fuerza jurídica de obligar.
d) Las respuestas b) y c) son correctas.

5. Señala la respuesta correcta, respecto de la aprobación, ratificación y publicación de la Constitución Española:

a) Aprobada por las Cortes el 31 de octubre de 1978, ratificada por el pueblo en referéndum el 6 de diciembre de 1978 y publicada el 29 de diciembre de 1978.
b) Aprobada por las Cortes el 30 de octubre de 1978, ratificada por el pueblo en referéndum el 16 de diciembre de 1978 y publicada el 27 de diciembre de 1978.
c) Aprobada por las Cortes el 31 de octubre de 1978, ratificada por el pueblo en referéndum el 16 de diciembre de 1978 y publicada el 29 de diciembre de 1978.
d) Aprobada por las Cortes el 10 de octubre de 1978, ratificada por el pueblo en referéndum el 26 de diciembre de 1978 y publicada el 30 de diciembre de 1978.

6. ¿En qué parte de la Carta Magna se establece la exposición de motivos que impulsan la norma constitucional y los objetivos que con ella se pretenden alcanzar?

a) En el Título Preliminar.
b) En el Preámbulo.
c) En el Título I.
d) En el Título II.

7. La Constitución Española fue sancionada por:

a) El Rey.
b) El Presidente del Congreso.
c) Las Cortes Generales.
d) El Presidente del Gobierno.

8. ¿Cuáles de los siguientes españoles de origen pueden ser privados de su nacionalidad?

a) Exclusivamente los miembros de grupos terroristas.
b) Los miembros de grupos terroristas y los que atenten contra el Rey u otro miembro de la Casa Real.
c) Los que atenten contra un miembro de la Familia Real o del Gobierno de la Nación.
d) Ningún español de origen podrá ser privado de su nacionalidad.

9. Según la CE son fundamentos del orden político y la paz social:

a) La dignidad de la persona, los derechos violables que les son inherentes y el respeto a la ley.
b) La dignidad de la persona, el desarrollo limitado de la personalidad y el respeto a la ley.
c) El respeto a la ley, a los reglamentos administrativos y demás disposiciones legales.
d) La dignidad de la persona, los derechos inviolables que le son inherentes, el libre desarrollo de su personalidad, el respeto a la ley y a los derechos de los demás.

10. ¿Cuál de los siguientes es considerado por la CE como uno de los valores superiores del ordenamiento jurídico?

a) La jerarquía normativa.
b) El pluralismo político.
c) La publicidad normativa.
d) La equidad.

11. Señala la respuesta incorrecta respecto al Tribunal Constitucional:

a) Se organiza a través de las figuras del Presidente, el Pleno, las Salas y las Secciones.
b) El Presidente, será nombrado entre sus miembros por el Rey, a propuesta del mismo Tribunal en Pleno y por un período de tres años.
c) El Pleno lo preside el Presidente del Tribunal y, en su defecto, el Vicepresidente y, a falta de ambos, el Magistrado de mayor edad.
d) La distribución de asuntos entre las Salas del Tribunal se efectuará según un turno establecido por el Pleno a propuesta de su Presidente.

12. Para la adopción de los acuerdos de las Secciones del Tribunal Constitucional, se requerirá:

a) La presencia siempre de sus tres miembros.
b) La presencia de dos miembros, salvo que haya discrepancia, requiriéndose entonces la de sus tres miembros.
c) La presencia de tres miembros, salvo que haya discrepancia, requiriéndose entonces la de sus cinco miembros.
d) La presencia siempre de sus cinco miembros.

13. Señala la respuesta incorrecta respecto a las sentencias del Tribunal Constitucional:

a) Las sentencias y resoluciones del Tribunal Constitucional tendrán la consideración de títulos declarativos.
b) Todos los poderes públicos están obligados al cumplimiento de lo que el Tribunal Constitucional resuelva.
c) Las sentencias del Tribunal Constitucional se publicarán en el Boletín Oficial del Estado con los votos particulares, si los hubiere.
d) Salvo que en el fallo se disponga otra cosa, subsistirá la vigencia de la ley en la parte no afectada por la inconstitucionalidad.

14. ¿Quién nombra a los miembros del Tribunal Constitucional?

a) El Rey.
b) El Presidente del Gobierno.
c) Las Cortes Generales.
d) El Presidente del Tribunal Constitucional.

15. ¿Cuántos de los miembros del Tribunal Constitucional son propuestos por el Consejo General del Poder Judicial?

a) Cuatro.
b) Tres.
c) Dos.
d) Ninguno.

En MADTEST tienes **más preguntas de este tema**, y todos tus avances quedan registrados y se reflejan en el ranking.

¡Supera tus límites con MADTEST!

Solución al test n.º 1

1. b) En la indisoluble unidad de la Nación española.

2. c) Tienen el deber de conocer y el derecho de usar el castellano.

3. d) De las nacionalidades y regiones que la integran.

4. d) Las respuestas b) y c) son correctas.

5. a) Aprobada por las Cortes el 31 de octubre de 1978, ratificada por el pueblo en referéndum el 6 de diciembre de 1978 y publicada el 29 de diciembre de 1978.

6. b) En el Preámbulo.

7. a) El Rey.

8. d) Ningún español de origen podrá ser privado de su nacionalidad.

9. d) La dignidad de la persona, los derechos inviolables que le son inherentes, el libre desarrollo de su personalidad, el respeto a la ley y a los derechos de los demás.

10. b) El pluralismo político.

11. c) El Pleno lo preside el Presidente del Tribunal y, en su defecto, el Vicepresidente y, a falta de ambos, el Magistrado de mayor edad.

12. b) La presencia de dos miembros, salvo que haya discrepancia, requiriéndose entonces la de sus tres miembros.

13. a) Las sentencias y resoluciones del Tribunal Constitucional tendrán la consideración de títulos declarativos.

14. a) El Rey.

15. c) Dos.

TEST N.º 2

Ley Orgánica 1/2018, de 5 de noviembre, de reforma del Estatuto de Autonomía de Canarias, Título I, de los derechos, deberes y principios rectores. Competencias en materia de salud

1. ¿Por qué vía se constituyó Canarias en comunidad autónoma?

a) Por la vía rápida del artículo 151 de la Constitución.
b) Por la vía normal u ordinaria de los artículos 143-146 de la Constitución.
c) Por la disposición adicional primera de la Constitución.
d) Por un Real Decreto del Gobierno central.

2. ¿Cuándo se celebró la asamblea de consejeros para elaborar el proyecto de Estatuto?

a) El 6 de diciembre de 1978.
b) El 10 de agosto de 1982.
c) El 22 de diciembre de 1980.
d) El 1 de julio de 2002.

3. ¿Cuántos títulos componen el Estatuto de Autonomía de Canarias actual?

a) Cuatro.
b) Ocho.
c) Seis.
d) Diez.

4. ¿Cuántas disposiciones adicionales tiene el Estatuto?

a) Cinco.
b) Seis.
c) Dos.
d) Ocho.

5. ¿Qué características especiales de Canarias se mencionan en el Título Preliminar?

a) Montañosidad, densidad y diversidad.
b) Lejanía, insularidad y ultraperiferia.
c) Ruralidad, pluralidad y cercanía.
d) Ninguna es correcta.

6. ¿Qué entidades básicas con autonomía reconoce el Estatuto en su ámbito territorial?

a) Las islas, los cabildos y los municipios.
b) Las provincias y las comarcas.
c) Solo las islas y los municipios.
d) Los distritos y los barrios.

7. ¿Qué órgano culmina la organización judicial en Canarias?

a) El Tribunal Constitucional.
b) El Consejo de Justicia de Canarias.
c) El Tribunal Superior de Justicia de Canarias.
d) El Tribunal Supremo.

8. ¿Qué se crea como órgano colaborador con la Administración de Justicia?

a) El Consejo de Justicia de Canarias.
b) La Audiencia Provincial de Canarias.
c) El Consejo Consultivo de Canarias.
d) El Consejo Superior de Tribunales.

9. ¿Qué recoge el Título I del Estatuto de Autonomía de Canarias?

a) Los principios de la acción exterior.
b) Los derechos, deberes y principios rectores.
c) Las normas sobre economía y hacienda.
d) Las disposiciones transitorias.

10. Según el artículo 9, ¿quiénes son titulares de los derechos y deberes?

a) Las personas residentes en Canarias.
b) Las personas que ostentan la condición política de canarios.
c) Las instituciones autonómicas.
d) Los funcionarios públicos.

11. ¿Qué prohíbe el artículo 10 del Estatuto?

a) La interpretación que amplíe derechos.
b) La interpretación que limite los derechos fundamentales.

c) La reforma del Estatuto por ley ordinaria.
d) Las acciones positivas de igualdad.

12. ¿Qué principio garantiza el artículo 11?

a) Igualdad y no discriminación.
b) Solidaridad entre territorios.
c) Primacía de la ley estatal.
d) Ninguna es correcta.

13. ¿Qué garantiza el artículo 15 del Estatuto de Autonomía de Canarias a las personas mayores?

a) Acceso gratuito a la educación.
b) Vida digna e independiente y atención integral.
c) Participación política obligatoria.
d) Reducción fiscal en sanidad.

14. ¿Qué derecho asegura el artículo 17 del Estatuto de Autonomía de Canarias?

a) Derecho al medio ambiente.
b) Igualdad efectiva entre mujeres y hombres.
c) Libertad de empresa.
d) Derecho al honor y la intimidad.

15. ¿Qué derecho reconoce el artículo 19 del Estatuto de Autonomía de Canarias?

a) A la protección de la salud y al acceso gratuito al sistema sanitario público.
b) A la asistencia privada obligatoria.
c) A la exclusión de tratamientos costosos.
d) A la atención solo en urgencias.

En MADTEST tienes **más preguntas de este tema**, y todos tus avances quedan registrados y se reflejan en el ranking.

¡Supera tus límites con MADTEST!

Solución al test n.º 2

1. b) Por la vía normal u ordinaria de los artículos 143-146 de la Constitución.

2. c) El 22 de diciembre de 1980.

3. b) Ocho.

4. b) Seis.

5. b) Lejanía, insularidad y ultraperiferia.

6. a) Las islas, los cabildos y los municipios.

7. c) El Tribunal Superior de Justicia de Canarias.

8. a) El Consejo de Justicia de Canarias.

9. b) Los derechos, deberes y principios rectores.

10. b) Las personas que ostentan la condición política de canarios.

11. b) La interpretación que limite los derechos fundamentales.

12. a) Igualdad y no discriminación.

13. b) Vida digna e independiente y atención integral.

14. b) Igualdad efectiva entre mujeres y hombres.

15. a) A la protección de la salud y al acceso gratuito al sistema sanitario público.

TEST N.º 3

Principios inspiradores de la Ley General de Sanidad recogidos en su Preámbulo y Título Preliminar. Estructura del Sistema Sanitario

1. La Ley General de Sanidad se concibe como norma básica:

a) Exclusivamente aplicable en las Comunidades Autónomas sin competencias.
b) Aplicable en todo el Estado, salvo en Ceuta y Melilla.
c) Aplicable a todo el territorio español, salvo algunos preceptos con carácter supletorio.
d) Aplicable solo en las Comunidades Autónomas con competencias transferidas.

2. El principio inspirador fundamental de la Ley General de Sanidad es:

a) La descentralización absoluta de los servicios en el nivel local.
b) La universalización del derecho a la protección de la salud en condiciones de igualdad.
c) La centralización de la asistencia en el Estado.
d) La reserva de los servicios sanitarios al ámbito estrictamente público.

3. La organización del Sistema Nacional de Salud descansa sobre:

a) Los Colegios Profesionales de Médicos y Enfermeras.
b) Los organismos internacionales de salud.
c) Los Servicios de Salud de las Comunidades Autónomas.
d) Las corporaciones locales.

4. Un principio organizativo básico del sistema sanitario español es:

a) Exclusión de la iniciativa privada.
b) Coordinación y eficacia de los servicios públicos.
c) Supremacía jerárquica de los hospitales sobre la atención primaria.
d) Reducción de la atención preventiva frente a la curativa.

5. El derecho de participación comunitaria en el sistema sanitario se canaliza principalmente a través de:

a) Los sindicatos estatales exclusivamente.
b) El Ministerio de Sanidad.
c) Las corporaciones territoriales, sindicatos y organizaciones empresariales.
d) Las ONG internacionales de salud.

6. Entre los principios rectores de la Ley General de Sanidad se incluyen:

a) Exigencia de rentabilidad económica por encima de la calidad asistencial.
b) Carácter facultativo del acceso universal.
c) Eficacia, celeridad, economía y flexibilidad en la gestión.
d) Eliminación de la docencia en la red sanitaria pública.

7. Un rasgo definitorio de las Áreas de Salud es que:

a) Atienden a un máximo de 500.000 habitantes.
b) Son órganos estatales de coordinación interterritorial.
c) Constituyen la estructura fundamental del sistema sanitario autonómico.
d) Son divisiones administrativas exclusivas de las diputaciones provinciales.

8. En la Ley General de Sanidad, el hospital se concibe como:

a) Un centro únicamente para internamiento prolongado.
b) Establecimiento encargado de la asistencia especializada y complementaria.
c) Centro con competencias exclusivas en prevención primaria.
d) Unidad vinculada solo a la investigación biomédica.

9. La coordinación general sanitaria corresponde principalmente:

a) Al Consejo Interterritorial únicamente.
b) Al Estado, fijando criterios básicos y comunes.
c) A cada corporación local con sus planes de salud.
d) A la Organización Mundial de la Salud.

10. La financiación de la asistencia sanitaria pública proviene de:

a) Exclusivamente cotizaciones sociales.
b) Cotizaciones sociales, transferencias del Estado, tributos cedidos y aportaciones autonómicas y locales.
c) Exclusivamente del presupuesto del Ministerio de Sanidad.
d) Del copago universal obligatorio de los pacientes.

11. El Estatuto-Marco del personal sanitario garantiza:

a) El acceso a plaza en cualquier comunidad autónoma sin oposición.
b) Clasificación, provisión, derechos, deberes y estabilidad en el empleo.
c) Exclusividad de los funcionarios frente al personal estatutario.
d) Eliminación de la movilidad entre administraciones.

12. La atención primaria en las Zonas Básicas de Salud se caracteriza por:

a) Atender exclusivamente a pacientes crónicos.
b) Promoción, prevención, curación y rehabilitación integradas.
c) Limitarse a funciones administrativas.
d) Actuar solo como derivación obligatoria al hospital.

13. En la vinculación de hospitales privados al Sistema Nacional de Salud:

a) Los hospitales pueden cobrar libremente por servicios sanitarios básicos.
b) La atención prestada puede ser lucrativa si se autoriza.
c) La asistencia sanitaria debe prestarse en condiciones de gratuidad.
d) La titularidad pasa siempre a ser pública.

14. El Consejo de Dirección de un Área de Salud:

a) Está integrado mayoritariamente por corporaciones locales.
b) Carece de competencias sobre el nombramiento de gerentes.
c) Está formado principalmente por representantes de la Comunidad Autónoma.
d) Solo actúa como órgano consultivo sin poder decisorio.

15. La financiación sanitaria para corregir desigualdades territoriales se realiza mediante:

a) Donaciones privadas obligatorias.
b) Asignaciones de recursos teniendo en cuenta población e inversiones sanitarias.
c) Únicamente impuestos locales.
d) Cuotas extraordinarias de los profesionales sanitarios.

En MADTEST tienes **más preguntas de este tema**, y todos tus avances quedan registrados y se reflejan en el ranking.

¡Supera tus límites con MADTEST!

Solución al test n.º 3

1. c) Aplicable a todo el territorio español, salvo algunos preceptos con carácter supletorio.

2. b) La universalización del derecho a la protección de la salud en condiciones de igualdad.

3. c) Los Servicios de Salud de las Comunidades Autónomas.

4. b) Coordinación y eficacia de los servicios públicos.

5. c) Las corporaciones territoriales, sindicatos y organizaciones empresariales.

6. c) Eficacia, celeridad, economía y flexibilidad en la gestión.

7. c) Constituyen la estructura fundamental del sistema sanitario autonómico.

8. b) Establecimiento encargado de la asistencia especializada y complementaria.

9. b) Al Estado, fijando criterios básicos y comunes.

10. b) Cotizaciones sociales, transferencias del Estado, tributos cedidos y aportaciones autonómicas y locales.

11. b) Clasificación, provisión, derechos, deberes y estabilidad en el empleo.

12. b) Promoción, prevención, curación y rehabilitación integradas.

13. c) La asistencia sanitaria debe prestarse en condiciones de gratuidad.

14. c) Está formado principalmente por representantes de la Comunidad Autónoma.

15. b) Asignaciones de recursos teniendo en cuenta población e inversiones sanitarias.

TEST N.º 4

Ley de Ordenación Sanitaria de Canarias: Objeto y alcance de la Ley. El Sistema Canario de la Salud. Estructura pública sanitaria de Canarias. El Servicio Canario de la Salud: naturaleza y funciones. Estructura y organización: órganos centrales y órganos territoriales. Órganos de prestación de servicios sanitarios. derechos y deberes de los ciudadanos en el Sistema Canario de la Salud. El concierto Sanitario

1. El conjunto de las actividades, de los servicios y de las prestaciones desarrollados por organizaciones y personas públicas o privadas en el territorio de Canarias, con el objetivo de promover y proteger la salud, prevenir la enfermedad y asegurar la asistencia sanitaria en todos los casos de pérdida de la salud, se denomina:

a) Sistema de Salud.
b) Servicio de Salud.
c) Plan de salud.
d) Ordenación Sanitaria.

2. Es un principio del Sistema Canario de la Salud en el acceso a los servicios y las prestaciones:

a) La universalidad.
b) La igualdad.
c) La gratuidad.
d) Todos los anteriores.

3. El órgano superior de participación comunitaria en el Sistema Canario de la Salud es:

a) La Comisión de participación.
b) El Comisionado Canario de Sanidad.
c) El Consejo Canario de la Salud.
d) El Consejero competente en materia de sanidad.

4. El Plan de Salud de Canarias es:

a) El conjunto de las actividades, de los servicios y de las prestaciones asistenciales sanitarias.

b) La demarcación territorial de los centros sanitarios adscritos al Servicio público de salud.

c) El instrumento estratégico para la planificación y coordinación y de articulación funcional de las actividades de promoción y protección de la salud, de prevención de la enfermedad y de asistencia sanitaria.

d) El organismo autónomo de carácter administrativo adscrito a la Consejería competente en materia de Sanidad encargado de la prevención de la enfermedad y de asistencia sanitaria de todos los sujetos, públicos y privados, integrantes del Sistema Canario de la Salud.

5. Entre los derechos en el ámbito de la educación reconocido estatutariamente en la Comunidad Autónoma de Canarias se garantiza:

a) El acceso a libros de texto y material didáctico necesario en todos los niveles obligatorios de educación en los centros del sistema público canario de enseñanza.

b) A acceder al sistema público de becas y ayudas en condiciones de igualdad, en las etapas formativas no gratuitas, excluida la universitaria.

c) A acceder a los comedores escolares y actividades extraescolares gratuitamente.

d) El acceso a los centros públicos de su elección más cercanos al domicilio familiar o laboral.

6. La aprobación del Plan de Salud de Canarias corresponde al/a la:

a) Parlamento canario.

b) Consejería competente en materia de Sanidad.

c) Gobierno de Canarias.

d) Ministerio competente en materia de Sanidad.

7. Indica cuál de las funciones no se desarrolla específicamente a través de la estructura sanitaria pública canaria:

a) Salud laboral.

b) Disponibilidad presupuestaria.

c) Asistencia sanitaria.

d) Docencia e investigación.

8. El órgano de la administración pública canaria que tiene potestad para personarse y, en su caso, entrar, sin previa notificación y en cualquier momento, en todo centro o establecimiento sujeto la Ley de Canarias, se denomina:

a) Autoridad Sanitaria.

b) Policía Sanitaria.

c) Policía Autónomica.

d) Ningún órgano puede acceder a un centro sanitario sin autorización judicial.

9. La base del Sistema Canario de la Salud la constituye:

a) La Zona básica de Salud.
b) El Servicio Canario de Salud.
c) La atención especializada hospitalaria.
d) La atención primaria de la salud.

10. La asistencia sanitaria especializada tiene por objeto:

a) Servir de apoyo médico y quirúrgico a la atención primaria de salud.
b) La orientación y consejo a los ciudadanos en el uso de su libertad de elección y, en general, en su desenvolvimiento dentro del sistema sanitario público.
c) La cumplimentación de los datos que sean requeridos para evaluar el estado de salud de la población.
d) La asistencia sanitaria primaria individual tanto en régimen ambulatorio como domiciliario y de urgencias.

11. La atención sanitaria a la demanda urgente es prestada, como una actividad más de la asistencia sanitaria canaria, por:

a) La atención especializada hospitalaria.
b) El Plan Canario Regional de urgencia.
c) El Plan Canario de urgencia.
d) La Red de Asistencia Urgente.

12. La adopción de las medidas y programas tendentes a racionalizar la utilización de los medicamentos, tanto en la atención primaria de salud como en la especializada, en el territorio de Canarias es competencia de:

a) Las oficinas de farmacia.
b) La Administración de la Comunidad Autónoma de Canarias.
c) La Administración del Estado.
d) La Administración de la Unión europea.

13. El incumplimiento de las normas relativas a autorización, registro y acreditación de centros, servicios y establecimientos sanitarios y sociosanitarios es una infracción:

a) Grave.
b) Muy grave.
c) Leve.
d) Leve, pero será grave si hay reincidencia.

14. Las simples irregularidades formales en el cumplimiento de la normativa sanitaria, sin trascendencia directa, en todo caso, para la salud pública:

a) No supone infracción.
b) Es una infracción grave.

c) Es una infracción leve.

d) Es una infracción muy grave.

15. El incumplimiento del deber de vigilancia de la observancia de las normas sanitarias por parte de los profesionales que tienen obligación legal de conocerla:

a) No dará lugar a infracción en ningún caso.

b) Dará lugar a exigir la responsabilidad en vía sancionadora.

c) Sólo dará lugar a infracción si concurre dolo.

d) Dará lugar a responsabilidad cuando tenga trascendencia directa, en todo caso, para la salud pública.

En MADTEST tienes **más preguntas de este tema**, y todos tus avances quedan registrados y se reflejan en el ranking.

¡Supera tus límites con MADTEST!

Solución al test n.º 4

1. a) Sistema de Salud.

2. b) La igualdad.

3. c) El Consejo Canario de la Salud.

4. c) El instrumento estratégico para la planificación y coordinación y de articulación funcional de las actividades de promoción y protección de la salud, de prevención de la enfermedad y de asistencia sanitaria.

5. a) El acceso a libros de texto y material didáctico necesario en todos los niveles obligatorios de educación en los centros del sistema público canario de enseñanza.

6. c) Gobierno de Canarias.

7. b) Disponibilidad presupuestaria.

8. a) Autoridad Sanitaria.

9. d) La atención primaria de la salud.

10. a) Servir de apoyo médico y quirúrgico a la atención primaria de salud.

11. d) La Red de Asistencia Urgente.

12. b) La Administración de la Comunidad Autónoma de Canarias.

13. a) Grave.

14. c) Es una infracción leve.

15. b) Dará lugar a exigir la responsabilidad en vía sancionadora.

TEST N.º 5

Ley 1/2010, de 26 de febrero de Igualdad entre Mujeres y Hombres: Ámbito de aplicación. Principios Generales. Políticas públicas para la promoción de la igualdad de género. Medidas de protección Integral contra la Violencia de Género en el ámbito sanitario

1. ¿En qué fecha fue adoptada, en el marco de la Organización de las Naciones Unidas, la Declaración sobre la Eliminación de la Discriminación contra la Mujer?

a) En 1948.
b) En 1954.
c) En 1967.
d) En 1979.

2. ¿Qué órgano tiene como función vigilar la aplicación de la Convención para la Eliminación de todas las formas de Discriminación contra la Mujer por los Estados que la han suscrito?

a) El Foro Internacional de Lucha contra la Desigualdad.
b) El Comité para la Eliminación de la Discriminación contra la Mujer.
c) La Comisión de la Condición Jurídica y Social de la Mujer.
d) El Consejo Internacional para la Lucha contra la Discriminación Femenina.

3. ¿Dónde se celebró, en el marco de la Organización de las Naciones Unidas, la primera conferencia mundial sobre la mujer?

a) En Copenhague en el año 1980.
b) En Pekín en el año 1995.
c) En Nairobi en el año 1985.
d) En México en el año 1975.

4. Señala en cuál de las siguientes capitales no ha tenido lugar una conferencia mundial sobre la mujer:

a) Copenhague.
b) Pekín.

c) Nairobi.
d) Viena.

5. ¿En qué artículo de la Constitución Española de 1978 se establece la obligación de los poderes públicos de promover las condiciones para que la libertad y la igualdad del individuo y de los grupos en que se integra sean reales y efectivas?

a) En el artículo 9.2.
b) En el artículo 9.3.
c) En el artículo 14.
d) En el artículo 15.

6. ¿Con qué ley se hace efectivo y real en Canarias el objetivo del derecho a la igualdad de trato y oportunidades de la mujer proclamado en la Constitución y en el Estatuto de Autonomía para Canarias?

a) En la Ley 14/2009, de 11 de octubre.
b) En la Ley 3/2010, de 12 de enero.
c) En la Ley 1/2010, de 26 de febrero.
d) En la Ley 21/2011, de 9 de marzo.

7. Señala a quién de los siguientes le será de aplicación la Ley 1/2010, de 26 de febrero, de Igualdad entre Mujeres y Hombres:

a) A quien tenga la condición política de canario o canaria y resida en el exterior.
b) A las universidades canarias públicas y privadas.
c) A los consorcios, fundaciones y demás entidades con personalidad jurídica propia en los que sea mayoritaria la representación directa del Gobierno de Canarias.
d) Todas las respuestas son correctas.

8. ¿En qué principios se ha de sustentar el impulso de las relaciones entre las distintas administraciones, instituciones y agentes sociales para garantizar la igualdad entre mujeres y hombres, a tenor de la Ley 1/2010, de 26 de febrero, de Igualdad entre Mujeres y Hombres?

a) Igualdad, legalidad y coordinación.
b) Colaboración, coordinación y cooperación.
c) Cooperación, transparencia e integración.
d) Igualdad, publicidad y colaboración.

9. ¿Qué principio comporta aplicar la perspectiva de género en las fases de planificación, ejecución y evaluación de todas las políticas llevadas a cabo por las Administraciones Públicas con la finalidad de eliminar las desigualdades entre mujeres y hombres?

a) El principio de igualdad.
b) El principio de integración.

c) El principio de transversalidad.
d) El principio de efectividad.

10. ¿Qué principio de actuación o directriz han de aplicar las Administraciones Públicas canarias en todas sus actuaciones, disposiciones normativas, políticas generales y sectoriales, organización, estructura y funcionamiento de sus órganos, servicios y actos administrativos, con la finalidad de eliminar las discriminaciones directas e indirectas por razón de sexo?

a) El principio de transversalidad.
b) El principio de perspectiva de género.
c) El principio de actuación o directriz de *mainstreaming* de género.
d) Todas las respuestas son correctas.

11. ¿Cuál de las siguientes normas aprobadas por el Gobierno de Canarias deberán incorporar, de forma efectiva, el objetivo de la igualdad por razón de género?

a) Todos los planes.
b) Todos los proyectos de ley.
c) Todas las disposiciones reglamentarias.
d) Todas las respuestas anteriores son correctas.

12. A propuesta de quién adoptará el Gobierno de Canarias la estrategia de actuación para la igualdad efectiva entre mujeres y hombres en todos los ámbitos de intervención, de carácter transversal a todas las políticas y competencias sectoriales y de naturaleza vinculante para la Administración Pública de la Comunidad Autónoma?

a) Del Presidente de la Comunidad.
b) Del Diputado del Común.
c) Del Presidente del Parlamento de Canarias.
d) Del consejero o consejera competente en materia de igualdad.

13. ¿Cuál es el instrumento director que articula y define las prioridades, la estrategia general del Gobierno de Canarias para la implantación de la transversalidad de género y los métodos de trabajo para llevarla a cabo?

a) La Estrategia de Igualdad de Género.
b) La Estrategia de Igualdad Efectiva.
c) La Estrategia de Igualdad Real de Género.
d) La Estrategia de Integración de Género.

14. ¿A quién corresponde elaborar y tramitar la Estrategia de Igualdad de Género del Gobierno de Canarias?

a) Al Parlamento de Canarias.
b) A la persona titular de la Consejería de Presidencia, Justicia e Igualdad.

c) A la persona titular de la Consejería de Política Territorial, Sostenibilidad y Seguridad.
d) Al Instituto Canario de Igualdad.

15. ¿A quién le corresponde emitir el informe de evaluación de impacto de género sobre el anteproyecto de Ley del Presupuesto de la Comunidad Autónoma de Canarias?

a) Al Parlamento de Canarias.
b) A la Comisión de Impacto de Género en los Presupuestos.
c) A la Consejería de Presidencia, Justicia e Igualdad.
d) A la Consejería de Economía y Hacienda.

En MADTEST tienes **más preguntas de este tema**, y todos tus avances quedan registrados y se reflejan en el ranking.

¡Supera tus límites con MADTEST!

Solución al test n.º 5

1. c) En 1967.

2. b) El Comité para la Eliminación de la Discriminación contra la Mujer.

3. d) En México en el año 1975.

4. d) Viena.

5. a) En el artículo 9.2.

6. c) En la Ley 1/2010, de 26 de febrero.

7. d) Todas las respuestas son correctas.

8. b) Colaboración, coordinación y cooperación.

9. c) El principio de transversalidad.

10. d) Todas las respuestas son correctas.

11. d) Todas las respuestas anteriores son correctas.

12. d) Del consejero o consejera competente en materia de igualdad.

13. a) La Estrategia de Igualdad de Género.

14. d) Al Instituto Canario de Igualdad.

15. b) A la Comisión de Impacto de Género en los Presupuestos.

TEST N.º 6

Ley Orgánica 3/2018, de 5 de diciembre, de Protección de Datos Personales y garantía de los derechos digitales: objeto y ámbito de aplicación. Principios de protección de datos. Derechos de las personas. Ejercicio de los derechos. La Agencia Española de Protección de Datos. Régimen sancionador

1. El artículo 18.1 de la Constitución Española garantiza el derecho al honor, a la intimidad personal y familiar y a:

a) La protección de datos de carácter personal.
b) La confidencialidad.
c) La propia imagen.
d) El secreto profesional.

2. Según el artículo 18.3 de la Constitución Española, se garantiza el secreto de las comunicaciones y, en especial, de las postales, telegráficas y telefónicas:

a) Siempre.
b) Salvo resolución judicial.
c) Excepto en los casos que establezcan las leyes.
d) Salvo consentimiento del interesado.

3. El RGPD señala al determinar cuál es su objeto, que la libre circulación de los datos personales en la Unión:

a) Podrá ser restringida y prohibida por motivos relacionados con la protección de las personas físicas en lo que respecta al tratamiento de datos personales.
b) Podrá ser restringida, pero no prohibida, por motivos relacionados con la protección de las personas físicas en lo que respecta al tratamiento de datos personales.
c) No podrá ser restringida ni prohibida por motivos relacionados con la protección de las personas físicas en lo que respecta al tratamiento de datos personales.
d) No podrá ser restringida, pero sí prohibida, por motivos relacionados con la protección de las personas físicas en lo que respecta al tratamiento de datos personales.

4. El Reglamento General de Protección de Datos se aplica:

a) Únicamente al tratamiento automatizado de datos personales.

b) Únicamente al tratamiento no automatizado de datos personales contenidos o destinados a ser incluidos en un fichero.

c) Únicamente al tratamiento total o parcialmente automatizado de datos personales.

d) Al tratamiento total o parcialmente automatizado de datos personales, así como al tratamiento no automatizado de datos personales contenidos o destinados a ser incluidos en un fichero.

5. El Reglamento General de Protección de Datos se aplica:

a) Al tratamiento de datos personales que no tenga lugar en la Unión Europea en el contexto de las actividades de un establecimiento del responsable o del encargado en la Unión Europea.

b) Al tratamiento de datos personales en el ejercicio de una actividad no comprendida en el ámbito de aplicación del Derecho de la Unión.

c) Al tratamiento de datos personales efectuado por una persona física en el ejercicio de actividades exclusivamente personales o domésticas.

d) Al tratamiento de datos personales por parte de las autoridades competentes con fines de prevención, investigación, detección o enjuiciamiento de infracciones penales, o de ejecución de sanciones penales, incluida la de protección frente a amenazas a la seguridad pública y su prevención.

6. Los datos personales obtenidos a partir de un tratamiento técnico específico, relativos a las características físicas, fisiológicas o conductuales de una persona física que permitan o confirmen la identificación única de dicha persona, como imágenes faciales o datos dactiloscópicos, se denominan:

a) Datos corporales.

b) Datos naturales.

c) Datos genéticos.

d) Datos biométricos.

7. ¿En virtud de qué principio previsto por el Reglamento General de Protección de Datos, los datos personales serán adecuados, pertinentes y limitados a lo necesario en relación con los fines para los que son tratados?

a) Principio de exactitud.

b) Principio de limitación de la finalidad.

c) Principio de responsabilidad proactiva.

d) Principio de minimización de datos.

8. En relación con el consentimiento, el Reglamento General de Protección de Datos dispone que:

a) El consentimiento puede deducirse del silencio o de la inacción de los ciudadanos.

b) Se permite el llamado consentimiento tácito.

c) No es admisible el consentimiento del interesado dado en el contexto de una declaración escrita que también se refiera a otros asuntos.

d) Quienes recopilen datos personales deben ser capaces de demostrar que el afectado les otorgó su consentimiento.

9. Como la consecuencia del derecho que tienen los ciudadanos a solicitar, y obtener de los responsables, que los datos personales sean suprimidos cuando, entre otros casos, estos ya no sean necesarios para la finalidad con la que fueron recogidos, cuando se haya retirado el consentimiento o cuando estos se hayan recogido de forma ilícita, el Reglamento General de Protección de Datos propugna el derecho:

a) Al olvido.
b) De oposición.
c) De rectificación.
d) Al borrado.

10. Según el Reglamento General de Protección de Datos, cuando los datos personales no se hayan obtenido del interesado, el responsable del tratamiento le facilitará, entre otras informaciones, los fines del tratamiento a que se destinan los datos personales, así como la base jurídica del tratamiento. El responsable del tratamiento facilitará la información dentro de un plazo razonable, una vez obtenidos los datos personales, y a más tardar dentro de:

a) 10 días hábiles.
b) 20 días.
c) 1 mes.
d) 3 meses.

11. Según el artículo 5 del Reglamento (UE) 2016/679, de 27 de abril, relativo a la protección de las personas físicas en lo que respecta al tratamiento de datos personales y a la libre circulación de estos datos, los datos personales serán tratados, en relación con el interesado, de manera lícita, leal y:

a) Fiable.
b) Segura.
c) Confidencial.
d) Transparente.

12. Conforme al artículo 3 de la LO 3/2018, las personas vinculadas al fallecido por razones familiares o de hecho así como sus herederos:

a) No podrán dirigirse al responsable o encargado del tratamiento para solicitar el acceso a los datos personales de aquella, si no es por vía judicial.

b) Solo podrán dirigirse al encargado del tratamiento, siempre que sea con objeto de rectificar datos manifiestamente falsos.

c) Podrán dirigirse al responsable o encargado del tratamiento siempre que sea con objeto de solicitar la supresión de los datos personales de aquella sin posibilidad de acceder a ellos.

d) Podrán dirigirse al responsable o encargado del tratamiento al objeto de solicitar el acceso a los datos personales de aquella y, en su caso, su rectificación o supresión.

13. Cuando los plazos se señalen por días en el RGPD o en la LO 3/2018, se entiende que estos:

a) Son naturales.

b) Son hábiles, de lunes a sábado, excluyéndose del cómputo los domingos y los declarados festivos.

c) Son naturales, excluyéndose del cómputo los declarados festivos.

d) Son hábiles, excluyéndose del cómputo los sábados, los domingos y los declarados festivos.

14. En relación con el consentimiento del interesado al tratamiento de datos de carácter personal, es cierto que:

a) En ningún caso se puede obligar a nadie a facilitar sus datos.

b) El consentimiento ha de ser previo a la información sobre el tratamiento.

c) Si se puede consentir libremente, del mismo modo, se puede retirar el consentimiento.

d) La solicitud del consentimiento deberá ir referida a todos los tratamientos que se puedan dar en un plazo determinado.

15. Conforme al RGPD, el interesado tendrá derecho a obtener del responsable del tratamiento la limitación del tratamiento de los datos cuando el responsable ya no necesite los datos personales para los fines del tratamiento, pero el interesado los necesite para:

a) La formulación, el ejercicio o la defensa de reclamaciones.

b) Verificar la exactitud de los mismos.

c) Incorporarlos a sus archivos personales.

d) Proceder él mismo a su destrucción.

En MADTEST tienes **más preguntas de este tema**, y todos tus avances quedan registrados y se reflejan en el ranking.

¡Supera tus límites con MADTEST!

Solución al test n.º 6

1. c) La propia imagen.

2. b) Salvo resolución judicial.

3. c) No podrá ser restringida ni prohibida por motivos relacionados con la protección de las personas físicas en lo que respecta al tratamiento de datos personales.

4. d) Al tratamiento total o parcialmente automatizado de datos personales, así como al tratamiento no automatizado de datos personales contenidos o destinados a ser incluidos en un fichero.

5. a) Al tratamiento de datos personales que no tenga lugar en la Unión Europea en el contexto de las actividades de un establecimiento del responsable o del encargado en la Unión Europea.

6. d) Datos biométricos.

7. d) Principio de minimización de datos.

8. d) Quienes recopilen datos personales deben ser capaces de demostrar que el afectado les otorgó su consentimiento.

9. a) Al olvido.

10. c) 1 mes.

11. d) Transparente.

12. d) Podrán dirigirse al responsable o encargado del tratamiento al objeto de solicitar el acceso a los datos personales de aquella y, en su caso, su rectificación o supresión.

13. d) Son hábiles, excluyéndose del cómputo los sábados, los domingos y los declarados festivos.

14. c) Si se puede consentir libremente, del mismo modo, se puede retirar el consentimiento.

15. a) La formulación, el ejercicio o la defensa de reclamaciones.

TEST N.º 7

La Ley 31/1995, de 8 de noviembre, de Prevención de Riesgos Laborales: Derechos y obligaciones; Consulta y participación de los trabajadores. Organización de la prevención de riesgos laborales en el ámbito de la Administración Pública de la Comunidad Autónoma de Canarias. Plan de Prevención de las Agresiones a los Trabajadores del Servicio Canario de la Salud

1. Los representantes de los trabajadores con competencia en materia de prevención de riesgos laborales son:

a) Los miembros de la Junta de personal, Junta Facultativo y Junta de Enfermería.
b) Los técnicos de prevención de riesgos laborales.
c) El Servicio de Medicina Preventiva.
d) Los delegados de prevención.

2. ¿Qué se entiende por "riesgo laboral"?

a) La posibilidad de que un trabajador sufra un determinado daño derivado del trabajo.
b) La posibilidad de que un trabajador sufra una enfermedad en el trabajo.
c) La posibilidad de que un trabajador sufra acoso.
d) El riesgo que supone el ir a trabajar.

3. Indica cuál es la definición de prevención:

a) La probabilidad racional de que un riesgo se materialice de forma inminente.
b) El estudio de los procesos potencialmente peligrosos para el trabajo.
c) Conjunto de actividades o medidas adoptadas o previstas en todas las fases de actividad de la empresa con el fin de evitar o disminuir los riesgos derivados del trabajo.
d) Posibilidad de que un trabajador sufra un determinado daño derivado del trabajo.

4. Señale la respuesta incorrecta:

a) La Ley de Prevención de Riesgos Laborales se aplica a los operativos de Seguridad civil en casos de catástrofe.

b) La Ley de Prevención de Riesgos Laborales se aplica a las sociedades cooperativas.

c) En el ámbito de la relación laboral de carácter especial del servicio del hogar familiar, las personas trabajadoras tienen derecho a una protección eficaz en materia de seguridad y salud en el trabajo.

d) En los establecimientos penitenciarios, se adaptarán a la Ley de Prevención de Riesgos Laborales aquellas actividades cuyas características justifiquen una regulación especial.

5. ¿Cuál es la vigente Ley de Prevención de Riesgos Laborales?

a) Ley 32/1995, de 8 de noviembre.

b) Ley 30/1996, de 8 de noviembre.

c) Ley 31/1995, de 6 de noviembre.

d) Ley 31/1995, de 8 de noviembre.

6. Entre los principios de la acción preventiva recogidos por el artículo 15 de la Ley de Prevención de Riesgos Laborales, no figura:

a) Evitar los riesgos.

b) Evaluar los riesgos que se puedan evitar.

c) Tener en cuenta la evolución de la técnica.

d) Dar las debidas instrucciones a los trabajadores.

7. En las empresas de hasta 30 trabajadores el Delegado de Prevención será:

a) El propio empresario.

b) El trabajador más antiguo.

c) El trabajador de mayor cualificación.

d) El delegado de personal.

8. Según la Ley de Prevención de Riesgos Laborales, se constituirá un Comité de Seguridad y Salud en todas las empresas o centros de trabajo que cuenten con:

a) 30 o más trabajadores.

b) 50 o más trabajadores.

c) 75 o más trabajadores.

d) 100 o más trabajadores.

9. La evaluación de los riesgos laborales es:

a) Es un proceso técnico en la organización del trabajo.

b) Un proceso dirigido a estimar la magnitud de los riesgos que no hayan podido evitarse.

c) Es un procedimiento estático.

d) Es una práctica para el control y la protección de los trabajadores.

10. En los casos de concurrencia de trabajadores de varias empresas en un centro de trabajo cuando existe un empresario principal, uno de los deberes de vigilancia por parte de éste, consistirá en:

a) Impulsar la regulación de esquemas organizativos, que eviten los accidentes de trabajo.

b) Comprobar que las empresas contratistas y subcontratistas concurrentes en su centro de trabajo han establecido los necesarios medios de coordinación entre ellas.

c) Asegurar la correcta utilización por parte de los trabajadores de las empresas concurrentes de los correspondientes dispositivos de seguridad disponibles.

d) Asegurarse de que los trabajadores concurrentes disponen de la formación preventiva correspondiente.

11. Cuando los trabajadores estén expuestos a un riesgo grave e inminente con ocasión de su trabajo, y el empresario no adopte o no permita la adopción de las medidas necesarias para garantizar la seguridad y la salud de los trabajadores, la Ley 31/1995, de 8 de noviembre, de Prevención de Riesgos Laborales prevé que:

a) Los trabajadores afectados podrán paralizar la actividad.

b) El órgano de representación del personal instará formalmente al empresario a la adopción de las medidas necesarias.

c) Los Delegados de Prevención lo comunicarán a la autoridad laboral, que adoptará las medidas necesarias.

d) El órgano de representación de personal podrá acordar la paralización de la actividad.

12. Según establece el art. 4 de la Ley 31/1995, de 8 de noviembre, de Prevención de Riesgos Laborales, se define como daños derivados del trabajo:

a) La posibilidad de que un trabajador sufra un determinado daño derivado del trabajo.

b) El que resulte probable racionalmente que se materialice en un futuro inmediato y pueda suponer y pueda suponer un daño grave para la salud de los trabajadores.

c) Las enfermedades, patologías o lesiones sufridas con motivo u ocasión del trabajo.

d) Cualquier máquina, aparato, instrumento o instalación utilizada en el trabajo.

13. El art. 23 de la LPRL establece la documentación que el empresario debe elaborar y conservar a disposición de la autoridad laboral. De las siguientes no está incluido:

a) El Plan de prevención de riesgos laborales.

b) Evaluación de los riesgos para la seguridad y la salud en el trabajo.

c) La planificación de la actividad laboral.

d) La relación de accidentes de trabajo y enfermedades profesionales que hayan causado al trabajador una incapacidad laboral superior a un día de trabajo.

14. El art. 29 de la LPRL establece las obligaciones de los trabajadores en materia de prevención de riesgos. De las siguientes no se considera una obligación del trabajador:

a) Utilizar correctamente los medios y equipos de protección facilitados por el empresario, de acuerdo con las instrucciones recibidas de éste.

b) Usar adecuadamente, de acuerdo con su naturaleza y los riesgos previsibles, las máquinas, aparatos, herramientas, sustancias peligrosas, equipos de transporte y, en general, cualesquiera otros medios con los que desarrollen su actividad.

c) Informar de inmediato a su superior jerárquico directo, y a los trabajadores designados para realizar las actualizaciones que consideren oportunas en el equipo de protección individual.

d) No poner fuera de funcionamiento y utilizar correctamente los dispositivos de seguridad existentes o que se instalen en los medios relacionados con su actividad o en los lugares de trabajo en los que ésta tenga lugar.

15. Podrán realizar el plan de prevención de riesgos laborales, la evaluación de riesgos y la planificación de la actividad preventiva de forma simplificada, en atención a la naturaleza y peligrosidad de las actividades realizadas, empresas cuyo número de trabajadores no exceda de:

a) 30.
b) 50.
c) 80.
d) 100.

En MADTEST tienes **más preguntas de este tema**, y todos tus avances quedan registrados y se reflejan en el ranking.

¡Supera tus límites con MADTEST!

Solución al test n.º 7

1. d) Los delegados de prevención.

2. a) La posibilidad de que un trabajador sufra un determinado daño derivado del trabajo.

3. c) Conjunto de actividades o medidas adoptadas o previstas en todas las fases de actividad de la empresa con el fin de evitar o disminuir los riesgos derivados del trabajo.

4. a) La Ley de Prevención de Riesgos Laborales se aplica a los operativos de Seguridad civil en casos de catástrofe.

5. d) Ley 31/1995, de 8 de noviembre.

6. b) Evaluar los riesgos que se puedan evitar.

7. d) El delegado de personal.

8. b) 50 o más trabajadores.

9. b) Un proceso dirigido a estimar la magnitud de los riesgos que no hayan podido evitarse.

10. b) Comprobar que las empresas contratistas y subcontratistas concurrentes en su centro de trabajo han establecido los necesarios medios de coordinación entre ellas.

11. d) El órgano de representación de personal podrá acordar la paralización de la actividad.

12. c) Las enfermedades, patologías o lesiones sufridas con motivo u ocasión del trabajo.

13. c) La planificación de la actividad laboral.

14. c) Informar de inmediato a su superior jerárquico directo, y a los trabajadores designados para realizar las actualizaciones que consideren oportunas en el equipo de protección individual.

15. b) 50.

TEST N.º 8

Ley 53/1984, de 26 de diciembre, de Incompatibilidades del Personal al Servicio de las Administraciones Públicas: principios generales. Ámbito de aplicación. Análisis específico de las incompatibilidades en el sector sanitario

1. ¿Qué rango normativo se exige para la regulación del estatuto de los funcionarios públicos, el acceso a la función pública, las peculiaridades de su derecho a sindicación, el sistema de incompatibilidades y las garantías para la imparcialidad en el ejercicio de sus funciones?

a) Rango de ley.

b) Rango reglamentario.

c) Rango de ley para el acceso a la función pública, y rango reglamentario para la regulación del estatuto de los funcionarios públicos, las peculiaridades de su derecho a sindicación, el sistema de incompatibilidades y las garantías para la imparcialidad en el ejercicio de sus funciones.

d) Rango de ley para la regulación del estatuto de los funcionarios públicos y el acceso a la función pública, y rango reglamentario para el sistema de incompatibilidades y las garantías para la imparcialidad en el ejercicio de sus funciones.

2. ¿Qué Ley regula las incompatibilidades del Personal al Servicio de las Administraciones Públicas?

a) Ley 53/1984, de 26 de diciembre.

b) Ley 84/2003, de 5 de marzo.

c) Ley 34/2008, de 23 de septiembre.

d) Ley 55/1988, de 19 de octubre.

3. La Ley 53/1984, de 26 de diciembre, de Incompatibilidades del Personal al Servicio de las Administraciones Públicas es aplicable:

a) Únicamente al personal al servicio de la Administración General del Estado.

b) A cualquier empleado público que desempeñe sus tareas en el territorio nacional, incluidos los funcionarios de la Unión Europea.

c) Al personal al servicio de las Administraciones de las Comunidades Autónomas y de los Organismos de ellas dependientes, así como de sus Asambleas Legislativas y órganos institucionales, entre otros.

d) Al personal al servicio de las Administraciones Públicas que voluntariamente se sujete a ella.

4. El incumplimiento de las normas sobre incompatibilidades, cuando suponga el mantenimiento de una situación de incompatibilidad, tendrá la consideración de:

a) Falta leve.
b) Falta grave.
c) Falta muy grave.
d) Falta media.

5. El incumplimiento de los plazos u otras disposiciones de procedimiento en materia de incompatibilidades, cuando no suponga el mantenimiento de una situación de incompatibilidad:

a) Tendrá la consideración de falta leve.
b) Tendrá la consideración de falta grave.
c) Tendrá la consideración de falta muy grave.
d) No tendrá la consideración de falta.

6. En relación con las incompatibilidades del personal estatutario, no es cierto que:

a) Será incompatible el disfrute de becas y ayudas de ampliación de estudios concedidas en régimen de concurrencia competitiva al amparo de programas oficiales de formación y perfeccionamiento del personal, siempre que para participar en tales acciones se requiera la previa propuesta favorable del Servicio de Salud en el que se esté destinado y que las bases de la convocatoria no establezcan lo contrario.

b) La percepción de pensión de jubilación por un régimen público de Seguridad Social será incompatible con la situación del personal emérito.

c) Las retribuciones del personal emérito, sumadas a su pensión de jubilación, no podrán superar las retribuciones que el interesado percibía antes de su jubilación, consideradas, todas ellas, en cómputo anual.

d) La percepción de pensión de jubilación parcial será compatible con las retribuciones derivadas de una actividad a tiempo parcial.

7. Será requisito necesario para autorizar la compatibilidad de actividades públicas el que la cantidad total percibida por ambos puestos o actividades no supere la remuneración prevista en los Presupuestos Generales del Estado para:

a) El cargo de Director General.
b) El nivel 30.

c) El cargo de Jefe de Servicio.
d) El cargo de Diputado o Senador.

8. Según la Ley 53/1984, de 26 de diciembre, de Incompatibilidades del Personal al Servicio de las Administraciones Públicos, será requisito necesario para autorizar la compatibilidad de actividades públicas para los funcionarios del Grupo D, el que la cantidad total percibida por ambos puestos o actividades no supere al remuneración prevista en los Presupuestos Generales del Estado para el cargo de Director General, ni supere la correspondiente al principal, estimada en régimen de dedicación ordinaria, incrementada en :

a) Un 30 %.
b) Un 40 %.
c) Un 45 %.
d) Un 50 %.

9. Quienes accedan por cualquier título a un nuevo puesto del sector público que con arreglo a la Ley 53/1984 resulte incompatible con el que vinieran desempeñando habrán de optar por uno de ellos dentro del plazo:

a) De 10 días tras la toma de posesión en el segundo puesto.
b) De 30 días tras la incorporación al segundo puesto.
c) De 3 días tras la incorporación al segundo puesto.
d) De toma de posesión.

10. La resolución motivada reconociendo la compatibilidad o declarando la incompatibilidad se dictará en el plazo de:

a) 1 mes.
b) 2 meses.
c) 15 días.
d) 10 días.

11. El personal comprendido en el ámbito de aplicación de la Ley 53/1984 no podrá ejercer la actividad siguiente:

a) El desempeño, por sí o por persona interpuesta, de cargos de todo orden en Empresas o Sociedades concesionarias, contratistas de obras, servicios o suministros, arrendatarias o administradoras de monopolios, o con participación o aval del sector público, cualquiera que sea la configuración jurídica de aquéllas.
b) La participación en tribunales calificadores de pruebas selectivas para ingreso en las Administraciones Públicas.
c) El ejercicio del cargo de Presidente, Vocal o miembro de Juntas rectoras de Mutualidades o Patronatos de Funcionarios, siempre que no sea retribuido.
d) La producción y creación literaria, siempre que no se origine como consecuencia de una relación de empleo o de prestación de servicios.

12. No podrá reconocerse compatibilidad para la realización de actividades privadas a quien desempeñe dos actividades en el sector público, salvo en el caso de que la jornada semanal de ambas actividades en su conjunto sea inferior a:

a) 35 horas.
b) 40 horas.
c) 44 horas.
d) 48 horas.

13. Según la Ley 53/1984, de 26 de diciembre, de Incompatibilidades del Personal al servicio de las Administraciones Públicas, ¿cuál de las siguientes situaciones requeriría, conforme a la normativa sobre incompatibilidades, una resolución que reconociera la compatibilidad para su ejercicio?

a) La participación ocasional en un programa de un medio de comunicación social.
b) La colaboración ocasional en un curso de carácter profesional.
c) La participación del 15 por 100 en el capital de una Sociedad concesionaria.
d) El ejercicio como profesor asociado universitario a tiempo parcial.

14. De conformidad con la Ley 53/1984, obtenida la incompatibilidad, los servicios prestados en el segundo puesto o actividad:

a) Se computarán a efectos de derechos pasivos pero no a efectos de trienios.
b) Se computarán a efectos de derechos pasivos proporcionalmente a su cuantía.
c) No se computarán a efectos de trienios ni de derechos pasivos.
d) Se computarán a efectos de trienios pero no de derechos pasivos.

15. ¿Qué actividades quedan exceptuadas del régimen de incompatibilidades de la Ley 53/1984?

a) La participación en Tribunales calificadores de pruebas selectivas para ingreso en las Administraciones Públicas.
b) La producción y creación literaria, artística, científica y técnica, así como las publicaciones derivadas de aquellas, siempre que se originen como consecuencia de una relación de empleo o de prestación de servicios.
c) La participación habitual en coloquios y programas en cualquier medio de comunicación social.
d) Todas las respuestas son correctas.

En MADTEST tienes **más preguntas de este tema**, y todos tus avances quedan registrados y se reflejan en el ranking.

¡Supera tus límites con MADTEST!

Solución al test n.º 8

1. a) Rango de ley.

2. a) Ley 53/1984, de 26 de diciembre.

3. c) Al personal al servicio de las Administraciones de las Comunidades Autónomas y de los Organismos de ellas dependientes, así como de sus Asambleas Legislativas y órganos institucionales, entre otros.

4. c) Falta muy grave.

5. b) Tendrá la consideración de falta grave.

6. b) La percepción de pensión de jubilación por un régimen público de Seguridad Social será incompatible con la situación del personal emérito.

7. a) El cargo de Director General.

8. c) Un 45 %.

9. d) De toma de posesión.

10. b) 2 meses.

11. a) El desempeño, por sí o por persona interpuesta, de cargos de todo orden en Empresas o Sociedades concesionarias, contratistas de obras, servicios o suministros, arrendatarias o administradoras de monopolios, o con participación o aval del sector público, cualquiera que sea la configuración jurídica de aquéllas.

12. b) 40 horas.

13. d) El ejercicio como profesor asociado universitario a tiempo parcial.

14. c) No se computarán a efectos de trienios ni de derechos pasivos.

15. a) La participación en Tribunales calificadores de pruebas selectivas para ingreso en las Administraciones Públicas.

TEST N.º 9

Ley 41/2002, de 14 de noviembre, básica reguladora de la Autonomía del Paciente y de Derechos y Obligaciones en Materia de Información y Documentación Clínica: El derecho de información sanitaria. El derecho a la intimidad. El respeto de la autonomía del paciente. La historia clínica. El consentimiento informado. Instrucciones Previas

1. La Ley de Autonomía del Paciente establece la obligatoriedad de obtener el consentimiento informado del paciente:

a) Solo en los casos de intervención quirúrgica.

b) Solo en los casos de aplicación de procedimientos que supongan grandes riesgos o inconvenientes de notoria repercusión negativa sobre su salud.

c) Para toda actuación en el ámbito de su salud.

d) La Ley no establece esta obligación.

2. Tal y como establece la Ley 41/2002, de Autonomía del Paciente, en caso de que el paciente no acepte el tratamiento se le propondrá que firme el alta voluntaria y si no la firma la Dirección del Centro:

a) Puede disponer el alta forzosa.

b) Firmará en su nombre el alta involuntaria.

c) Mantendrá el ingreso por periodo mínimo de cinco días naturales.

d) No está reconocida la negativa al tratamiento de los pacientes.

3. El derecho del paciente a no ser informado:

a) No está reconocido por la ley.

b) Podrá restringirse en cualquier momento.

c) Podrá restringirse cuando sea estrictamente necesario en beneficio del paciente.

d) Solo podrá ejercitarse si el paciente designa a un familiar o a otra persona a la que se le facilite la información.

4. El reconocimiento legal de que se respeten los deseos expresados anteriormente en el documento de *instrucciones previas* es una manifestación del derecho:

a) A la información sanitaria.
b) A la segunda opinión.
c) A la autonomía del paciente.
d) A la información post-mortem.

5. Indique la proposición incorrecta en relación con los requisitos del consentimiento:

a) Debe ser libre.
b) Debe ser voluntario.
c) La decisión de consentir debe anteceder a una información adecuada.
d) La persona que lo presta debe tener capacidad para conocer, comprender y querer el alcance de su decisión.

6. La Ley 41/2002, de Autonomía del paciente, establece que, como regla general, el consentimiento se manifestará en forma:

a) Verbal.
b) Escrita.
c) Documental.
d) Ante testigos.

7. Según establece la Ley 41/2002, de Autonomía del paciente, el paciente o usuario tiene derecho a decidir libremente entre las opciones clínicas disponibles después de recibir:

a) Información completa.
b) Información adecuada.
c) Información documental.
d) Información escrita.

8. La renuncia del paciente a recibir información:

a) No se reconoce por la ley.
b) Está limitada por el interés de la salud del propio paciente.
c) No está limitada por el interés de la salud de terceros.
d) Ninguna de las anteriores es correcta.

9. Según establece la Ley 41/2002, de Autonomía del paciente, ha de constar siempre por escrito:

a) La información al paciente.
b) El consentimiento informado.

c) La aceptación del tratamiento.
d) La negativa al tratamiento.

10. En la legislación sanitaria española, el consentimiento escrito del paciente:

a) Es una exigencia legal.
b) Es conveniente.
c) Es obligatorio en determinados supuestos.
d) No es necesario.

11. Según establece la Ley de Autonomía del Paciente el consentimiento se prestará por escrito en el caso de:

a) Realización de una actuación sanitaria en el paciente.
b) Aplicación en el paciente de un procedimiento no invasor.
c) Intervención quirúrgica.
d) Aplicación de procedimientos de imprevisible repercusión negativa sobre la salud del paciente.

12. Según determina la Ley 41/2002, el paciente tiene derecho a recibir un informe de alta:

a) Solo si ha existido ingreso hospitalario.
b) A la finalización del proceso asistencial.
c) En cuyo contenido mínimo habrán de figurar, entre otros, datos de información sanitaria epidemiológica.
d) Previa solicitud.

13. Existen supuestos legales en los que los facultativos pueden llevar a cabo las intervenciones clínicas indispensables en favor de la salud del paciente sin necesidad de contar con su consentimiento ni el de sus representantes o familiares. Señale uno de ellos:

a) Cuando el paciente esté incapacitado legalmente.
b) Cuando existe riesgo para la salud pública según determinen las autoridades sanitarias.
c) En caso de riesgo inmediato grave para la integridad física de otro paciente.
d) Cuando el paciente no sea capaz de tomar decisiones.

14. La Ley de Autonomía del paciente reconoce el derecho a que se respeten los deseos expresados anteriormente en el:

a) Testamento vital.
b) Documento de voluntades anticipadas.
c) Documento de instrucciones previas.
d) Documento de instrucciones preliminares.

15. No serán aplicadas las instrucciones previas:

a) Que no se hayan formalizado ante notario.
b) Que incorporen actuaciones previstas en el ordenamiento jurídico.
c) Que incorporen previsiones contrarias a la buena práctica clínica.
d) Que se correspondan exactamente con el supuesto de hecho previsto por el sujeto en el momento de emitirlas.

En MADTEST tienes **más preguntas de este tema**, y todos tus avances quedan registrados y se reflejan en el ranking.

¡Supera tus límites con MADTEST!

Solución al test n.º 9

1. c) Para toda actuación en el ámbito de su salud.

2. a) Puede disponer el alta forzosa.

3. c) Podrá restringirse cuando sea estrictamente necesario en beneficio del paciente.

4. c) A la autonomía del paciente.

5. c) La decisión de consentir debe anteceder a una información adecuada.

6. a) Verbal.

7. b) Información adecuada.

8. b) Está limitada por el interés de la salud del propio paciente.

9. d) La negativa al tratamiento.

10. c) Es obligatorio en determinados supuestos.

11. c) Intervención quirúrgica.

12. b) A la finalización del proceso asistencial.

13. d) Cuando el paciente no sea capaz de tomar decisiones.

14. c) Documento de instrucciones previas.

15. c) Que incorporen previsiones contrarias a la buena práctica clínica.

Ley 55/2003, de 16 de diciembre, Estatuto Marco del Personal Estatutario de los Servicios de Salud: el personal al servicio de las Instituciones Sanitarias Públicas. Clasificación del personal estatutario. Derechos y deberes. Adquisición y pérdida de la condición de personal estatutario fijo. Provisión de plazas, selección y promoción interna. Movilidad del personal. Carrera Profesional. Retribuciones. Jornadas de trabajo, permisos y licencias. Situaciones del personal estatutario. Derechos de representación, participación y negociación colectiva

1. El personal estatutario de los servicios de salud ostenta los siguientes derechos:

a) A la inamovilidad en el empleo y al ejercicio o desempeño efectivo de la profesión o funciones que correspondan a su nombramiento.

b) A la percepción puntual de las retribuciones complementarias e indemnizaciones por razón del servicio en cada caso establecidas.

c) A la formación continuada adecuada a la función desempeñada y al reconocimiento de su cualificación profesional en relación con dichas funciones.

d) A recibir prevención eficaz en materia de seguridad y salud en el trabajo, así como sobre riesgos generales en el centro sanitario o derivados del trabajo habitual, y a la información y formación específica en esta materia conforme a lo dispuesto en la Ley 31/1995, de 8 de noviembre, de Prevención de Riesgos Laborales.

2. El personal estatutario ostenta, en los términos establecidos en la Constitución y en la legislación específicamente aplicable, el siguiente derecho colectivo:

a) A que sea respetada su dignidad e intimidad personal en el trabajo y a ser tratado con educación, consideración y respeto por sus jefes y superiores, sus compañeros y sus subordinados.

b) Al descanso periódico retribuido, mediante la limitación de la jornada, las vacaciones y permisos necesarios en los términos que se establezcan.

c) A recibir asistencia y protección de las Administraciones Públicas y servicios de salud en el ejercicio del Régimen General de la Seguridad Social.

d) A la libre sindicación.

3. El personal estatutario de los servicios de salud ostenta los siguientes derechos:

a) A recibir prevención eficaz en materia de seguridad y salud en el trabajo, así como sobre riesgos generales en el centro sanitario o derivados del trabajo habitual, y a la información y formación específica en esta materia conforme a lo dispuesto en la Ley 31/1995, de 8 de noviembre, de Prevención de Riesgos Laborales.

b) A la movilidad obligatoria, promoción interna y desarrollo profesional, en la forma en que prevean las disposiciones en cada caso aplicables.

c) A que sea respetada su dignidad e intimidad personal en el trabajo y a ser tratado con corrección, consideración y respeto por sus jefes y superiores, sus compañeros y sus subordinados.

d) A recibir asistencia y protección de las Administraciones Públicas y servicios de salud en el ejercicio del Régimen General de la Seguridad Social.

4. El personal estatutario ostenta, en los términos establecidos en la Constitución y en la legislación específicamente aplicable, el siguiente derecho colectivo:

a) A recibir prevención eficaz en materia de seguridad y salud en el trabajo, así como sobre riesgos generales en el centro sanitario o derivados del trabajo habitual, y a la información y formación específica en esta materia conforme a lo dispuesto en la Ley 31/1995, de 8 de noviembre, de Prevención de Riesgos Laborales.

b) A la movilidad obligatoria, promoción interna y carrera profesional, en la forma en que prevean las disposiciones en cada caso aplicables.

c) A que sea respetada su dignidad e intimidad personal en el trabajo y a ser tratado con educación, consideración y respeto por sus jefes y superiores, sus compañeros y sus subordinados.

d) A la actividad sindical.

5. No constituye un derecho individual del personal estatutario:

a) La estabilidad en el empleo.

b) La movilidad voluntaria.

c) El descanso necesario.

d) La negociación colectiva.

6. El personal estatutario ostenta, en los términos establecidos en la Constitución y en la legislación específicamente aplicable, el siguiente derecho colectivo:

a) A que sea respetada su dignidad e intimidad personal en el trabajo y a ser tratado con educación, consideración y respeto por sus jefes y superiores, sus compañeros y sus subordinados.

b) Al descanso periódico retribuido, mediante la limitación de la jornada, las vacaciones y permisos necesarios en los términos que se establezcan.

c) A recibir asistencia y protección de las Administraciones Públicas y servicios de salud en el ejercicio del Régimen General de la Seguridad Social.

d) A la huelga, garantizándose en todo caso el mantenimiento de los servicios que resulten esenciales para la atención sanitaria a la población.

7. El personal estatutario de los servicios de salud ostenta los siguientes derechos:

a) A recibir prevención eficaz en materia de seguridad y salud en el trabajo, así como sobre riesgos generales en el centro sanitario o derivados del trabajo habitual, y a la información y formación específica en esta materia conforme a lo dispuesto en la Ley 31/1995, de 8 de noviembre, de Prevención de Riesgos Laborales.

b) A la movilidad obligatoria, promoción interna y desarrollo profesional, en la forma en que prevean las disposiciones en cada caso aplicables.

c) A la jubilación en los términos y condiciones establecidas en las normas en cada caso aplicables.

d) A recibir asistencia y protección de las Administraciones Públicas y servicios de salud en el ejercicio del Régimen General de la Seguridad Social.

8. El personal estatutario ostenta, en los términos establecidos en la Constitución y en la legislación específicamente aplicable, el siguiente derecho colectivo:

a) A recibir prevención eficaz en materia de seguridad y salud en el trabajo, así como sobre riesgos generales en el centro sanitario o derivados del trabajo habitual, y a la información y formación específica en esta materia conforme a lo dispuesto en la Ley 31/1995, de 8 de noviembre, de Prevención de Riesgos Laborales.

b) A la movilidad obligatoria, promoción interna y carrera profesional, en la forma en que prevean las disposiciones en cada caso aplicables.

c) A que sea respetada su dignidad e intimidad personal en el trabajo y a ser tratado con educación, consideración y respeto por sus jefes y superiores, sus compañeros y sus subordinados.

d) A la negociación colectiva, representación y participación en la determinación de las condiciones de trabajo.

9. El personal estatutario de los servicios de salud viene obligado a:

a) Interpretar la Constitución, el Estatuto de Autonomía correspondiente y el resto del ordenamiento jurídico.

b) Ejercer la profesión o desarrollar el conjunto de las funciones que correspondan a su nombramiento, plaza o puesto de trabajo con liberalidad, eficiencia y con observancia de los principios técnicos, científicos, éticos y deontológicos que sean aplicables.

c) Mantener debidamente actualizados los conocimientos y aptitudes necesarios para el correcto ejercicio de la profesión o para el desarrollo de las funciones que correspondan a su nombramiento, a cuyo fin los centros sanitarios facilitarán el desarrollo de actividades de formación continuada.

d) Cumplir con obediencia las instrucciones recibidas de sus superiores jerárquicos en relación con las funciones propias de su nombramiento, y colaborar leal y activamente en el trabajo en equipo.

10. El régimen de derechos del personal estatutario será aplicable al personal temporal:

a) En la medida en que la naturaleza del derecho lo permita.
b) En todo caso.
c) En ningún caso.
d) Solo cuando así se establezca en su nombramiento.

11. El personal estatutario de los servicios de salud viene obligado a:

a) Cumplir con obediencia las instrucciones recibidas de sus superiores jerárquicos en relación con las funciones propias de su nombramiento, y colaborar leal y activamente en el trabajo en equipo.
b) Interpretar la Constitución, el Estatuto de Autonomía correspondiente y el resto del ordenamiento jurídico.
c) Prestar colaboración social cuando así sea requerido por las autoridades como consecuencia de la adopción de medidas especiales por razones de emergencia o necesidad.
d) Cumplir el régimen de horarios y jornada, atendiendo a la cobertura de las jornadas complementarias que se hayan establecido para garantizar de forma permanente el funcionamiento de las instituciones, centros y servicios.

12. El personal estatutario de los servicios de salud ostenta los siguientes derechos:

a) A recibir prevención eficaz en materia de seguridad y salud en el trabajo, así como sobre riesgos generales en el centro sanitario o derivados del trabajo habitual, y a la información y formación específica en esta materia conforme a lo dispuesto en la Ley 31/1995, de 8 de noviembre, de Prevención de Riesgos Laborales.
b) A la movilidad obligatoria, promoción interna y carrera profesional, en la forma en que prevean las disposiciones en cada caso aplicables.
c) A que sea respetada su dignidad e intimidad personal en el trabajo y a ser tratado con educación, consideración y respeto por sus jefes y superiores, sus compañeros y sus subordinados.
d) Al descanso necesario, mediante la limitación de la jornada, las vacaciones periódicas retribuidas y permisos en los términos que se establezcan.

13. El personal estatutario ostenta, en los términos establecidos en la Constitución y en la legislación específicamente aplicable, el siguiente derecho colectivo:

a) A recibir prevención eficaz en materia de seguridad y salud en el trabajo, así como sobre riesgos generales en el centro sanitario o derivados del trabajo habitual, y a la información y formación específica en esta materia conforme a lo dispuesto en la Ley 31/1995, de 8 de noviembre, de Prevención de Riesgos Laborales.
b) A la movilidad obligatoria, promoción interna y desarrollo profesional, en la forma en que prevean las disposiciones en cada caso aplicables.
c) A disponer de servicios de prevención y de órganos representativos en materia de seguridad laboral.
d) A recibir asistencia y protección de las Administraciones Públicas y servicios de salud en el ejercicio del Régimen General de la Seguridad Social.

14. El personal estatutario de los servicios de salud ostenta los siguientes derechos:

a) A que sea respetada su dignidad e intimidad personal en el trabajo y a ser tratado con educación, consideración y respeto por sus jefes y superiores, sus compañeros y sus subordinados.

b) Al descanso periódico retribuido, mediante la limitación de la jornada, las vacaciones y permisos necesarios en los términos que se establezcan.

c) A recibir asistencia y protección de las Administraciones Públicas y servicios de salud en el ejercicio del Régimen General de la Seguridad Social.

d) Al encuadramiento en el Régimen General de la Seguridad Social, con los derechos y obligaciones que de ello se derivan.

15. El personal estatutario de los servicios de salud viene obligado a:

a) Cumplir con obediencia las instrucciones recibidas de sus superiores jerárquicos en relación con las funciones propias de su nombramiento, y colaborar leal y activamente en el trabajo en equipo.

b) Participar y colaborar eficientemente, en el nivel que corresponda en función de su nivel profesional, en la fijación y consecución de los hitos cuantitativos y cualitativos asignados a la institución, centro o unidad en la que preste servicios.

c) Prestar colaboración profesional cuando así sea requerido por las autoridades como consecuencia de la adopción de medidas especiales por razones de urgencia o necesidad.

d) Aconsejar debidamente, de acuerdo con las normas y procedimientos aplicables en cada caso y dentro del ámbito de sus competencias, a los usuarios y pacientes sobre su proceso asistencial y sobre los servicios disponibles.

En MADTEST tienes **más preguntas de este tema**, y todos tus avances quedan registrados y se reflejan en el ranking.

¡Supera tus límites con MADTEST!

Solución al test n.º 10

1. c) A la formación continuada adecuada a la función desempeñada y al reconocimiento de su cualificación profesional en relación con dichas funciones.

2. d) A la libre sindicación.

3. c) A que sea respetada su dignidad e intimidad personal en el trabajo y a ser tratado con corrección, consideración y respeto por sus jefes y superiores, sus compañeros y sus subordinados.

4. d) A la actividad sindical.

5. d) La negociación colectiva.

6. d) A la huelga, garantizándose en todo caso el mantenimiento de los servicios que resulten esenciales para la atención sanitaria a la población.

7. c) A la jubilación en los términos y condiciones establecidas en las normas en cada caso aplicables.

8. d) A la negociación colectiva, representación y participación en la determinación de las condiciones de trabajo.

9. c) Mantener debidamente actualizados los conocimientos y aptitudes necesarios para el correcto ejercicio de la profesión o para el desarrollo de las funciones que correspondan a su nombramiento, a cuyo fin los centros sanitarios facilitarán el desarrollo de actividades de formación continuada.

10. a) En la medida en que la naturaleza del derecho lo permita.

11. d) Cumplir el régimen de horarios y jornada, atendiendo a la cobertura de las jornadas complementarias que se hayan establecido para garantizar de forma permanente el funcionamiento de las instituciones, centros y servicios.

12. d) Al descanso necesario, mediante la limitación de la jornada, las vacaciones periódicas retribuidas y permisos en los términos que se establezcan.

13. c) A disponer de servicios de prevención y de órganos representativos en materia de seguridad laboral.

14. d) Al encuadramiento en el Régimen General de la Seguridad Social, con los derechos y obligaciones que de ello se derivan.

15. c) Prestar colaboración profesional cuando así sea requerido por las autoridades como consecuencia de la adopción de medidas especiales por razones de urgencia o necesidad.

TEST N.º 11

Ley 39/2015, de 1 de octubre, del Procedimiento Administrativo Común de las Administraciones Públicas (I): De los Actos Administrativos; requisitos, eficacia, nulidad y anulabilidad. De los interesados en el procedimiento. La capacidad de obrar y el concepto de interesado. Identificación y firma de los interesados en el procedimiento administrativo

1. Señala la respuesta incorrecta. Según el artículo 35 de la Ley 39/2015, de 1 de octubre, de Procedimiento Administrativo Común de las Administraciones Públicas, serán motivados, con sucinta referencia de hechos y fundamentos de Derecho:

a) Los actos que limiten derechos subjetivos o intereses legítimos.

b) Los actos que resuelvan procedimientos de revisión de oficio de disposiciones o actos administrativos, recursos administrativos, reclamaciones previas a la vía judicial y procedimientos de arbitraje.

c) Los actos que se separen del criterio seguido en actuaciones precedentes o del dictamen de órganos consultivos.

d) Los actos declarativos de derechos.

2. De acuerdo con el artículo 39 de la Ley 39/2015, de 1 de octubre, de Procedimiento Administrativo Común de las Administraciones Públicas, con carácter general, los actos de las Administraciones Públicas sujetos al Derecho Administrativo se presumirán válidos y producirán efectos desde:

a) La fecha en que se dicten, salvo que en ellos se disponga otra cosa.

b) Su notificación.

c) Su publicación.

d) La aprobación superior.

3. En relación con las notificaciones en papel, de acuerdo con lo dispuesto en el artículo 42 de la Ley 39/2015, de 1 de octubre, de Procedimiento Administrativo Común de las Administraciones Públicas de los actos administrativos, señala la respuesta incorrecta:

a) Se notificarán a los interesados las resoluciones y actos administrativos que afecten a sus derechos e intereses.

b) Toda notificación deberá ser cursada dentro del plazo de diez días a partir de la fecha en que el acto haya sido dictado.

c) En los procedimientos iniciados a solicitud del interesado, la notificación se practicará en el domicilio del interesado. Cuando ello no fuera posible, en cualquier lugar adecuado a tal fin.

d) Cuando la notificación se practique en el domicilio del interesado, de no hallarse presente este en el momento de entregarse la notificación podrá hacerse cargo de la misma cualquier persona mayor de 14 años que se encuentre en el domicilio y haga constar su identidad.

4. Conforme al artículo 45 de la Ley 39/2015, de 1 de octubre, de Procedimiento Administrativo Común de las Administraciones Públicas, la publicación sustituirá a la notificación surtiendo sus mismos efectos en los siguientes casos:

a) Cuando el acto tenga por destinatario a una persona jurídica.

b) Cuando la Administración estime que la notificación efectuada a un solo interesado es insuficiente para garantizar la notificación a todos, siendo, en este último caso, adicional a la notificación efectuada.

c) En los procedimientos iniciados a solicitud del interesado.

d) Cuando la notificación se practique en el domicilio del interesado.

5. De acuerdo con el artículo 47 de la Ley 39/2015, de 1 de octubre, de Procedimiento Administrativo Común de las Administraciones Públicas, los actos de las Administraciones Públicas son nulos de pleno derecho en los casos siguientes:

a) Los actos de la Administración que incurran en cualquier infracción del ordenamiento jurídico.

b) Los actos dictados por órgano manifiestamente incompetente por razón de la jerarquía.

c) Los actos que tengan un contenido imposible.

d) Los actos de la Administración que incurran en desviación de poder.

6. Son anulables, de acuerdo con el artículo 48.1 de la Ley 39/2015, de 1 de octubre, de Procedimiento Administrativo Común de las Administraciones Públicas:

a) Los actos de la Administración que incurran en cualquier infracción del ordenamiento jurídico, incluso la desviación de poder.

b) Los actos dictados prescindiendo total y absolutamente del procedimiento legalmente establecido o de las normas que contienen las reglas esenciales para la formación de la voluntad de los órganos colegiados.

c) Los actos expresos o presuntos contrarios al ordenamiento jurídico por los que se adquieren facultades o derechos cuando se carezca de los requisitos esenciales para su adquisición.

d) Los actos dictados por órgano manifiestamente incompetente por razón de la materia.

7. Conforme con el artículo 48.2 de la Ley 39/2015, de 1 de octubre, de Procedimiento Administrativo Común de las Administraciones Públicas, el defecto de forma de los actos de las Administraciones Públicas solo determinará la anulabilidad:

a) Siempre.

b) Nunca.

c) Cuando el acto carezca de los requisitos formales, dando lugar a la indefensión de los interesados.

d) Cuando el acto administrativo se notifique fuera de plazo, no siendo esencial el término o plazo.

8. La Administración podrá convalidar los actos anulables, subsanando los vicios de que adolezcan. Si el vicio consistiera en incompetencia no determinante de nulidad, la convalidación podrá realizarse, de conformidad con el artículo 52.3 de la Ley 39/2015, de 1 de octubre, de Procedimiento Administrativo Común de las Administraciones Públicas, por:

a) El órgano competente cuando sea inferior jerárquico del que dictó el acto viciado.

b) El órgano competente cuando sea superior jerárquico del que dictó el acto viciado.

c) El órgano competente por razón de la materia.

d) El órgano competente por razón del territorio.

9. En relación con la forma de los actos administrativos, señala la respuesta incorrecta:

a) Los actos administrativos se producirán por escrito a través de medios electrónicos, a menos que su naturaleza exija otra forma más adecuada de expresión y constancia.

b) En los casos en que los órganos administrativos ejerzan su competencia de forma verbal, la constancia escrita del acto, cuando sea necesaria, se efectuará y firmará por el titular del órgano superior, expresando en la comunicación del mismo la autoridad de la que procede.

c) Si se tratara de resoluciones, el titular de la competencia deberá autorizar una relación de las que haya dictado de forma verbal, con expresión de su contenido.

d) Cuando deba dictarse una serie de actos administrativos de la misma naturaleza, tales como nombramientos, concesiones o licencias, podrán refundirse en un único acto.

10. Son actos anulables de acuerdo con el artículo 48 de la Ley 39/2015, de 1 de octubre, de Procedimiento Administrativo Común de las Administraciones Públicas:

a) Los de contenido imposible.

b) Los que carezcan de los requisitos formales indispensables para alcanzar su fin.

c) Los dictados prescindiendo total y absolutamente de los procedimientos legalmente establecidos para ellos.

d) Los dictados prescindiendo total y absolutamente del procedimiento establecido por las normas que contienen las reglas esenciales para la formación de la voluntad de los órganos colegiados.

11. De todas las resoluciones citadas a continuación, ¿cuáles de ellas no necesitarán ser motivadas?

a) Las que sigan el criterio seguido en actuaciones precedentes.
b) Los acuerdos de suspensión de actos.
c) Las que se dicten en el ejercicio de potestades discrecionales.
d) Las que resuelvan los recursos.

12. ¿En qué casos un defecto de forma determinará la anulabilidad del acto?

a) Cuando carezcan de los requisitos formales indispensables para alcanzar su fin o dé lugar a indefensión.
b) Cuando sean insubsanables.
c) Solo en los casos en los que se dé lugar a indefensión.
d) Solo cuando carezcan de los requisitos formales indispensables.

13. Señala la respuesta incorrecta. Cuando una Administración Pública tenga que dictar, en el ámbito de sus competencias, un acto que necesariamente tenga por base otro dictado por una Administración Pública distinta y aquella entienda que es ilegal:

a) Podrá requerir a la otra Administración previamente para que anule o revise el acto de acuerdo con lo dispuesto en el artículo 44 de la Ley 29/1998, de 13 de julio, reguladora de la Jurisdicción Contencioso-Administrativa.
b) Realizado el requerimiento y al ser rechazado este, podrá interponer recurso contencioso-administrativo.
c) Realizado el requerimiento y al ser rechazado este, podrá interponer recurso de revisión.
d) En estos casos, quedará suspendido el procedimiento para dictar resolución.

14. Las notificaciones administrativas por medios electrónicos requerirán para su validez:

a) El señalamiento explícito de dicho medio de notificación en el momento de iniciación del procedimiento.
b) El establecimiento de este sistema por medio de una norma de rango legal.
c) El acceso a su contenido, momento a partir del cual la notificación se entenderá practicada a todos los efectos legales.
d) El establecimiento de este sistema por medio de una norma de rango reglamentario.

15. Por regla general una notificación electrónica se entenderá rechazada con los efectos previstos en el artículo 43.2 de la Ley 39/2015, de 1 de octubre, del Procedimiento Administrativo Común de las Administraciones Públicas, cuando teniendo constancia de la puesta a disposición transcurran:

a) Diez días hábiles sin que se acceda a su contenido.
b) Diez días naturales desde que se accedió al contenido sin existir respuesta.
c) Diez días naturales sin que se acceda al contenido.
d) Quince días hábiles desde que se accedió al contenido sin existir respuesta.

En MADTEST tienes **más preguntas de este tema**, y todos tus avances quedan registrados y se reflejan en el ranking.

¡Supera tus límites con MADTEST!

Solución al test n.º 11

1. d) Los actos declarativos de derechos.

2. a) La fecha en que se dicten, salvo que en ellos se disponga otra cosa.

3. c) En los procedimientos iniciados a solicitud del interesado, la notificación se practicará en el domicilio del interesado. Cuando ello no fuera posible, en cualquier lugar adecuado a tal fin.

4. b) Cuando la Administración estime que la notificación efectuada a un solo interesado es insuficiente para garantizar la notificación a todos, siendo, en este último caso, adicional a la notificación efectuada.

5. c) Los actos que tengan un contenido imposible.

6. a) Los actos de la Administración que incurran en cualquier infracción del ordenamiento jurídico, incluso la desviación de poder.

7. c) Cuando el acto carezca de los requisitos formales, dando lugar a la indefensión de los interesados.

8. b) El órgano competente cuando sea superior jerárquico del que dictó el acto viciado.

9. b) En los casos en que los órganos administrativos ejerzan su competencia de forma verbal, la constancia escrita del acto, cuando sea necesaria, se efectuará y firmará por el titular del órgano superior, expresando en la comunicación del mismo la autoridad de la que procede.

10. b) Los que carezcan de los requisitos formales indispensables para alcanzar su fin.

11. a) Las que sigan el criterio seguido en actuaciones precedentes.

12. a) Cuando carezcan de los requisitos formales indispensables para alcanzar su fin o dé lugar a indefensión.

13. c) Realizado el requerimiento y al ser rechazado este, podrá interponer recurso de revisión.

14. c) El acceso a su contenido, momento a partir del cual la notificación se entenderá practicada a todos los efectos legales.

15. c) Diez días naturales sin que se acceda al contenido.

TEST N.º 12

Ley 39/2015, de 1 de octubre, del Procedimiento Administrativo Común de las Administraciones Públicas (II): de los Derechos del interesado en el procedimiento administrativo. Inicio del procedimiento administrativo. Ordenación del Procedimiento. Instrucción del Procedimiento. Finalización del procedimiento. Ejecución de las resoluciones administrativas

1. Los que tuvieren la condición de interesados en un procedimiento administrativo, podrán conocer del estado de la tramitación del mismo:

a) En el trámite de audiencia.
b) En el trámite de información pública.
c) En cualquier momento
d) Solo cuando lo permita el instructor del procedimiento.

2. Las medidas provisionales adoptadas antes de la iniciación del procedimiento administrativo, deberán ser confirmadas, modificadas o levantadas en el acuerdo de iniciación del procedimiento, que deberá efectuarse:

a) Dentro de los quince días siguientes a su adopción, pudiendo ser recurrido.
b) Dentro de los veinte días siguientes a su adopción, pudiendo de ser recurrido.
c) Dentro de los diez días siguientes a su adopción, sin posibilidad de ser recurrido.
d) Dentro de los veinte días siguientes a su adopción, sin posibilidad de ser recurrido.

3. Cuando el acuerdo de iniciación del procedimiento no contenga un pronunciamiento expreso acerca de las medidas provisionales previas, dichas medidas:

a) Se mantendrán, hasta la fase de alegaciones.
b) Se mantendrán, salvo que haya recurso pendiente.
c) Se prorrogaran por quince días.
d) Quedarán sin efecto.

4. Los procedimientos de naturaleza sancionadora se iniciarán:

a) De oficio o a instancia de parte.
b) Siempre a instancia de parte.

c) Siempre de oficio.

d) En virtud de denuncia.

5. Si la solicitud de iniciación del procedimiento administrativo no reúne los requisitos recogidos en la Ley 39/2015 u otros exigidos por la legislación específica aplicable:

a) Se inadmitirá la solicitud presentada por el interesado.

b) Se le dará un plazo de cinco días para que vuelva a presentar la solicitud correctamente.

c) Se le dará un plazo de veinte días para que subsane la falta o acompañe los documentos preceptivos.

d) Se le dará un plazo de diez días para que subsane la falta o acompañe los documentos preceptivos.

6. ¿Suspenderá la tramitación del procedimiento las cuestiones incidentales que se susciten en el mismo?

a) No.

b) Sí.

c) No, salvo las que se refieran a la nulidad de actuaciones.

d) No, incluso las relativas a la recusación no se suspenderán.

7. Señala cuál de las siguientes no podrá adoptarse como medidas provisionales en un procedimiento administrativo:

a) Embargo preventivo de bienes.

b) Inmovilización de cosa mueble.

c) Retirada o intervención de bienes productivos.

d) Suspensión definitiva de actividades.

8. El interesado en el procedimiento administrativo tiene derecho:

a) A formular alegaciones y a utilizar los medios de defensa admitidos por el Ordenamiento Jurídico en cualquier fase del procedimiento.

b) A formular alegaciones, a utilizar los medios de defensa admitidos por el Ordenamiento Jurídico, y a aportar documentos en cualquier fase del procedimiento anterior al trámite de audiencia.

c) A formular alegaciones y a utilizar los medios de defensa admitidos por el Ordenamiento Jurídico en cualquier fase del procedimiento, pero solo podrá aportar documentos con posterioridad al trámite de audiencia.

d) A formular alegaciones y a utilizar los medios de defensa admitidos por el Ordenamiento Jurídico en cualquier fase del procedimiento anterior al dictado de la resolución por la que se pone fin al procedimiento.

9. Contra el acuerdo de acumulación de procedimientos:

a) Cabe recurso de revisión.
b) Cabe recurso extraordinario de revisión.
c) No cabe recurso alguno.
d) Cabe recurso de alzada.

10. Los procedimientos administrativos que no tengan naturaleza sancionadora se podrán iniciar:

a) Por acuerdo del órgano competente o a petición razonada de otros órganos.
b) Por acuerdo del órgano competente, bien por propia iniciativa o como consecuencia de orden superior, a petición razonada de otros órganos o por denuncia.
c) Por denuncia solamente.
d) De oficio siempre.

11. Cuando el procedimiento se iniciara por una denuncia en la que se invocara un perjuicio en el patrimonio de las Administraciones Públicas:

a) La no iniciación del procedimiento deberá ser motivada y se notificará a los denunciantes la decisión de si se ha iniciado o no el procedimiento.
b) La iniciación del procedimiento deberá ser motivada y no se notificará a los denunciantes, si el instructor lo considera oportuno.
c) La no iniciación del procedimiento quedará a la decisión del instructor, sin necesidad de motivarla, salvo a petición del denunciante.
d) La no iniciación del procedimiento nunca deberá ser motivada.

12. Los interesados podrán solicitar el inicio de un procedimiento de responsabilidad patrimonial:

a) Siempre.
b) Dentro de los cuatro años siguientes a aquel en que se produjo el acto que motiva la indemnización.
c) Si así se dispone por sentencia.
d) Cuando no haya prescrito su derecho a reclamar.

13. El plazo de subsanación de la solicitud de iniciación del procedimiento podrá ampliarse prudencialmente, cuando la aportación de los documentos requeridos presente dificultades especiales:

a) Hasta cinco días.
b) Hasta diez días.
c) Hasta quince días.
d) Siempre por diez días más.

14. En los procedimientos de naturaleza sancionadora, ¿cuál de los siguientes no es un derecho de los presuntos responsables?

a) A ser notificado de la identidad del instructor.
b) A saber quién es la autoridad competente para imponer la sanción.
c) A ser informado de sus derechos procesales penales.
d) A ser notificado de los hechos que se le imputen.

15. ¿Hay presunción de existencia de responsabilidad administrativa mientras no se demuestre lo contrario?

a) Sí, salvo excepciones.
b) Nunca.
c) Solo en los procedimientos de naturaleza sancionadora.
d) Siempre.

En MADTEST tienes **más preguntas de este tema**, y todos tus avances quedan registrados y se reflejan en el ranking.

¡Supera tus límites con MADTEST!

Solución al test n.º 12

1. c) En cualquier momento.

2. a) Dentro de los quince días siguientes a su adopción, pudiendo ser recurrido.

3. d) Quedarán sin efecto.

4. c) Siempre de oficio.

5. d) Se le dará un plazo de diez días para que subsane la falta o acompañe los documentos preceptivos.

6. a) No.

7. d) Suspensión definitiva de actividades.

8. b) A formular alegaciones, a utilizar los medios de defensa admitidos por el Ordenamiento Jurídico, y a aportar documentos en cualquier fase del procedimiento anterior al trámite de audiencia.

9. c) No cabe recurso alguno.

10. b) Por acuerdo del órgano competente, bien por propia iniciativa o como consecuencia de orden superior, a petición razonada de otros órganos o por denuncia.

11. a) La no iniciación del procedimiento deberá ser motivada y se notificará a los denunciantes la decisión de si se ha iniciado o no el procedimiento.

12. d) Cuando no haya prescrito su derecho a reclamar.

13. a) Hasta cinco días.

14. c) A ser informado de sus derechos procesales penales.

15. b) Nunca.

TEST N.º 13

Ley 39/2015, de 1 de octubre, del Procedimiento Administrativo Común de las Administraciones Públicas (III): de la revisión de los actos en vía administrativa: La revisión de oficio. Recursos Administrativos. La jurisdicción contencioso-administrativa: actividad administrativa impugnable

1. La revisión de las disposiciones dictadas por las Administraciones Públicas en vía administrativa supone:

a) La anulabilidad de los actos y disposiciones siempre que no hayan sido recurridos en plazo.

b) La estimación de las reclamaciones efectuadas por los particulares cuando haya transcurrido el plazo sin que se hubiera dictado la resolución correspondiente.

c) La declaración de oficio de la nulidad de los actos administrativos que pongan fin a la vía administrativa.

d) La posibilidad de que la nulidad de los actos administrativos sea declarada mediante dictamen del Consejo de Estado u órgano consultivo equivalente de la Comunidad Autónoma.

2. Transcurridos seis meses desde que la Administración inició de oficio el procedimiento de revisión de una disposición administrativa o un acto nulo, sin dictarse resolución, se producirá:

a) La prescripción del derecho del interesado a reclamar.

b) La nulidad *ipso iure* de la disposición o acto.

c) La desestimación de la pretensión ejercitada en el mismo.

d) La caducidad del procedimiento.

3. En los procedimientos de revisión de disposiciones administrativas y actos nulos, no será preceptiva la intervención del Consejo de Estado u órgano equivalente de la Comunidad Autónoma:

a) Cuando la nulidad sea declarada de oficio pero a instancias de interesado.

b) Para acordar motivadamente la inadmisión a trámite de las solicitudes formuladas por los interesados, siempre que no se basen en una nulidad de pleno derecho.

c) En los supuestos en que la nulidad dimane de una vulneración de normas de rango superior.

d) Para acordar motivadamente la inadmisión a trámite de las solicitudes formuladas por los interesados en cualquier caso.

4. Cuando una disposición administrativa haya sido declarada nula, el particular afectado por el acto en cuestión:

a) Tendrá derecho a ser indemnizado, siempre que el daño causado sea efectivo, evaluable, individualizado y no hubiera tenido el deber jurídico de soportarlo.

b) Será indemnizado, si en la resolución que así lo declare se reconoce ese derecho.

c) No será indemnizado en ningún caso, pues subsisten las consecuencias de los actos firmes dictados en aplicación de la misma.

d) Deberá ser indemnizado en todo caso y por el simple hecho de la declaración de nulidad, pues al serle aplicada una norma manifiestamente ilegal, el perjuicio o daño se presume.

5. El plazo para declarar de oficio la nulidad de los actos administrativos que hayan puesto fin a la vía administrativa o que no hayan sido recurridos en su momento oportuno, es:

a) De seis meses.

b) De cuatro años.

c) De cuatro años para los que no hayan sido recurridos en plazo e indefinidamente para los que pongan fin a la vía administrativa.

d) *Sine die*, es decir, no existe plazo alguno para ello.

6. La declaración de lesividad de los actos administrativos favorables a los interesados:

a) Supone la nulidad automática de los mismos, sin necesidad de recabar dictamen del Consejo de Estado u órgano consultivo equivalente de la Comunidad Autónoma.

b) Reconoce el derecho de los particulares a ser indemnizados como consecuencia de los daños y perjuicios que les haya causado la aplicación de los actos declarados nulos.

c) Permite a las Administraciones Públicas impugnar ante la Jurisdicción Contencioso-Administrativa dichos actos.

d) Es la Resolución por la que se declara la anulabilidad de los mismos.

7. Los actos administrativos con defectos de forma pero con los requisitos formales indispensables para alcanzar su fin, sin causar indefensión de los interesados:

a) Serán declarados lesivos para el interés público si ha beneficiado al interesado o interesados.

b) Son anulables, previa declaración de lesividad y el dictamen favorable del Consejo de Estado u órgano consultivo equivalente de la Comunidad Autónoma.

c) Son nulos de pleno derecho.
d) No son anulables, por lo general.

8. La lesividad de un acto administrativo podrá declararse:

a) A los cuatro años desde su dictado.
b) Antes de los seis meses desde que se dictó.
c) Cuatro años después de conocido el vicio que lo invalida.
d) En cualquier momento.

9. El transcurso del plazo previsto para la resolución del procedimiento en el que se declare la lesividad del acto, sin haberse acordado la misma, supone:

a) La anulabilidad del acto administrativo.
b) La nulidad del acto administrativo.
c) La firmeza del acto administrativo.
d) La caducidad del procedimiento administrativo.

10. La competencia para declarar la lesividad de un acto emanado de una entidad de las que integran la Administración Local corresponde:

a) Al Alcalde de la Corporación.
b) Al Pleno de la Corporación.
c) Al órgano individual superior de la Corporación.
d) Al Consejo de Estado u órgano consultivo equivalente de la Comunidad Autónoma.

11. La suspensión de la ejecución de los actos administrativos sobre los que se haya iniciado un procedimiento de revisión de oficio se podrá acordar:

a) Siempre, cuando así discrecionalmente lo decida la Administración.
b) En ningún caso, pues no es posible su suspensión.
c) Cuando así lo solicite el interesado, previo aval que garantice las responsabilidades que se pudieran derivar.
d) Si se pudieran causar perjuicios de imposible o difícil reparación.

12. Los errores materiales, de hecho o aritméticos existentes en los actos administrativos podrán ser rectificados:

a) Siempre que no haya transcurrido el plazo de prescripción.
b) En cualquier momento.
c) Cuando no constituya exención o dispensa contraria a la ley.
d) Si no atenta contra la igualdad, el interés público o el ordenamiento jurídico.

13. No es un límite al ejercicio de las facultades de revisión de actos administrativos expresamente previsto en la Ley 39/2015, de 1 de octubre:

a) El interés público.
b) La equidad.

c) La buena fe.
d) Los derechos de los ciudadanos.

14. La competencia para la revisión de oficio de las disposiciones y de actos nulos y anulables dictados por los Secretarios de Estado de la Administración General la ostenta:

a) El Consejo de Ministros.
b) El máximo órgano rector colegiado del Ministerio al que se encuentren adscritos.
c) Ellos mismos.
d) El Ministro del que dependan.

15. ¿Qué recurso o recursos se pueden oponer contra los actos administrativos de trámite que no se encuentren afectos de nulidad ni anulabilidad?

a) Alzada.
b) Reposición.
c) Ninguno, sin perjuicio de alegar el defecto que corresponda al recurrir contra la resolución que ponga fin al procedimiento, en su caso.
d) Alzada y potestativo de reposición.

En MADTEST tienes **más preguntas de este tema**, y todos tus avances quedan registrados y se reflejan en el ranking.

¡Supera tus límites con MADTEST!

Solución al test n.º 13

1. c) La declaración de oficio de la nulidad de los actos administrativos que pongan fin a la vía administrativa.

2. d) La caducidad del procedimiento.

3. b) Para acordar motivadamente la inadmisión a trámite de las solicitudes formuladas por los interesados, siempre que no se basen en una nulidad de pleno derecho.

4. a) Tendrá derecho a ser indemnizado, siempre que el daño causado sea efectivo, evaluable, individualizado y no hubiera tenido el deber jurídico de soportarlo.

5. d) Sine die, es decir, no existe plazo alguno para ello.

6. c) Permite a las Administraciones Públicas impugnar ante la Jurisdicción Contencioso Administrativa dichos actos.

7. d) No son anulables, por lo general.

8. a) A los cuatro años desde su dictado.

9. d) La caducidad del procedimiento administrativo.

10. b) Al Pleno de la Corporación.

11. d) Si se pudieran causar perjuicios de imposible o difícil reparación.

12. b) En cualquier momento.

13. a) El interés público.

14. d) El Ministro del que dependan.

15. c) Ninguno, sin perjuicio de alegar el defecto que corresponda al recurrir contra la resolución que ponga fin al procedimiento, en su caso.

Ley 9/2017, de 8 de noviembre, de Contratos del Sector Público (I): delimitación de los tipos contractuales. De los efectos, cumplimiento y extinción de los contratos administrativos. Contratos administrativos y contratos privados

1. Los contratos que tienen por objeto la adquisición, el arrendamiento financiero, o el arrendamiento, con o sin opción de compra, de productos o bienes muebles, son:

a) Contratos de servicios.
b) Contratos de suministro.
c) Contratos de obras.
d) Contratos de gestión de servicios públicos.

2. No se consideran contratos de suministros:

a) Aquellos en los que el empresario se obligue a entregar una pluralidad de bienes de forma sucesiva y por precio unitario sin que la cuantía total se defina con exactitud al tiempo de celebrar el contrato, por estar subordinadas las entregas a las necesidades del adquirente.
b) Los que tengan por objeto la adquisición y el arrendamiento de equipos y sistemas de telecomunicaciones o para el tratamiento de la información, sus dispositivos y programas, y la cesión del derecho de uso de estos últimos.
c) Los de adquisición de programas de ordenador desarrollados a medida.
d) Los de fabricación, por los que la cosa o cosas que hayan de ser entregadas por el empresario deban ser elaboradas con arreglo a características peculiares fijadas previamente por la entidad contratante, aun cuando esta se obligue a aportar, total o parcialmente, los materiales precisos.

3. En un contrato de concesión de obras, cuando no esté garantizado que, en condiciones normales de funcionamiento, el concesionario vaya a recuperar las inversiones realizadas ni a cubrir los costes en que hubiera incurrido como consecuencia de la explotación de las obras que sean objeto de la concesión, se considerará que el mismo asume un riesgo:

a) Operacional.
b) Virtual.

c) General.
d) Provisional.

4. Conforme al artículo 3.4 de la Ley 9/2017, los partidos políticos, cuando cumplan los requisitos para ser poder adjudicador y respecto de los contratos sujetos a regulación armonizada, deberán actuar conforme a los principios de publicidad, concurrencia, transparencia, igualdad y:

a) No discriminación.
b) Eficacia.
c) Sometimiento a las leyes.
d) Legitimidad.

5. Un conjunto de trabajos de construcción o de ingeniería civil, destinado a cumplir por sí mismo una función económica o técnica, que tenga por objeto un bien inmueble, es denominado por la Ley 9/2017:

a) Una infraestructura.
b) Patrimonio material.
c) Una obra.
d) Un servicio público.

6. Los contratos que tengan por objeto la adquisición de energía primaria o energía transformada se consideran:

a) Contratos de concesión de servicios.
b) Contratos de suministros.
c) Contratos privados.
d) Contratos de servicios.

7. No podrán ser objeto de los contratos de servicios:

a) Los que impliquen ejercicio de la autoridad inherente a los poderes públicos.
b) Los que impliquen el desarrollo o mantenimiento de aplicaciones informáticas.
c) Los que tengan por objeto el desarrollo y la puesta a disposición de productos protegidos por un derecho de propiedad intelectual o industrial.
d) Los que tengan por objeto la prestación de actividades docentes en centros del sector público desarrolladas en forma de cursos de formación o perfeccionamiento del personal al servicio de la Administración.

8. Señala la opción incorrecta. En cualquier caso, una modificación del contrato se considerará sustancial cuando:

a) La modificación introduzca condiciones que, de haber figurado en el procedimiento de contratación inicial, habrían permitido la selección de candidatos distintos de los seleccionados inicialmente.

b) La modificación altere el equilibrio económico del contrato en beneficio del contratista de una manera que no estaba prevista en el contrato inicial.

c) La modificación amplíe el ámbito del contrato.

d) La modificación introduzca condiciones que, de haber figurado en el procedimiento de contratación inicial, habría atraído a menos participantes.

9. Para la Directiva 2014/23/UE, de 26 de febrero de 2014, relativa a la adjudicación de contratos de concesión, el criterio delimitador del contrato de concesión de servicios respecto del contrato de servicios es:

a) La cuantificación del coste.

b) Quién asume el riesgo operacional.

c) La exigencia o no de la clasificación del empresario.

d) La publicación en boletín oficial.

10. Según el artículo 3.2. de la LCSP, tienen la consideración de Administración Pública:

a) Las autoridades administrativas independientes.

b) Las fundaciones públicas.

c) Las Mutuas colaboradoras con la Seguridad Social.

d) Las Entidades Públicas Empresariales.

11. En toda contratación pública se incorporarán de manera transversal y preceptiva criterios sociales y medioambientales:

a) En todo caso.

b) Siempre que guarde relación con el objeto del contrato.

c) Siempre que se garantice la relación calidad-precio.

d) Como criterio decisorio en caso de igualdad de ofertas.

12. Señala la opción incorrecta. A efectos de la Ley 9/2017 de Contratos del Sector Público, se consideran poderes adjudicadores:

a) Las mutuas colaboradoras con la Seguridad Social.

b) Las fundaciones públicas.

c) Las entidades con personalidad jurídica propia que hayan sido creadas específicamente para satisfacer necesidades de interés general que tengan carácter industrial o mercantil.

d) Las entidades locales.

13. ¿Qué tipo de contrato fue suprimido por la Ley 9/2017 de Contratos del Sector Público?

a) El contrato de servicios.

b) El contrato mixto.

c) El contrato de concesión de servicios.
d) El contrato de colaboración público-privada.

14. En los casos en que un elemento del contrato mixto sea una obra, deberá elaborarse un proyecto y tramitarse como para los contratos de obras, a partir de que la obra supere:

a) Los 20.000 euros.
b) Los 50.000 euros.
c) Los 100.000 euros.
d) Los 250.000 euros.

15. Señala la opción incorrecta. Algunos contratos de las Administraciones Públicas tienen naturaleza administrativa especial por:

a) Por estar vinculados al giro o tráfico específico de la Administración contratante.
b) Por satisfacer de forma directa o inmediata una finalidad pública de la específica competencia de aquella.
c) Por declararlo así una ley.
d) Por estar sometidos al derecho privado.

En MADTEST tienes **más preguntas de este tema**, y todos tus avances quedan registrados y se reflejan en el ranking.

¡Supera tus límites con MADTEST!

Solución al test n.º 14

1. b) Contratos de suministro.

2. c) Los de adquisición de programas de ordenador desarrollados a medida.

3. a) Operacional.

4. a) No discriminación.

5. c) Una obra.

6. b) Contratos de suministros.

7. a) Los que impliquen ejercicio de la autoridad inherente a los poderes públicos.

8. d) La modificación introduzca condiciones que, de haber figurado en el procedimiento de contratación inicial, habría atraído a menos participantes.

9. b) Quién asume el riesgo operacional.

10. a) Las autoridades administrativas independientes.

11. b) Siempre que guarde relación con el objeto del contrato.

12. c) Las entidades con personalidad jurídica propia que hayan sido creadas específicamente para satisfacer necesidades de interés general que tengan carácter industrial o mercantil.

13. d) El contrato de colaboración público-privada.

14. b) Los 50.000 euros.

15. d) Por estar sometidos al derecho privado.

Ley 9/2017, de 8 de noviembre, de Contratos del Sector Público (II): Perfección y formas de los contratos. De la adjudicación de los contratos de las Administraciones Públicas

1. ¿Cuáles de los siguientes contratos que celebren los poderes adjudicadores se perfeccionan de conformidad con la legislación por la que se rijan?

a) Los contratos basados en un acuerdo marco.
b) Los contratos menores.
c) Los contratos específicos en el marco de un sistema dinámico de adquisición.
d) Los contratos subvencionados sujetos a regulación armonizada.

2. ¿Cuál de los siguientes contratos que celebren los poderes adjudicadores se perfecciona con su formalización?

a) Contratos basados en un acuerdo marco.
b) Contratos específicos en el marco de un sistema dinámico de adquisición.
c) Contratos adjudicados mediante un procedimiento abierto.
d) Contratos menores.

3. Los contratos que celebren los poderes adjudicadores se perfeccionan:

a) Con su formalización, a excepción de los contratos menores y de los contratos basados en un acuerdo marco y los contratos específicos en el marco de un sistema dinámico de adquisición.
b) Con su formalización, a excepción de los contratos menores.
c) Con su adjudicación, a excepción de los contratos menores y de los contratos basados en un acuerdo marco y los contratos específicos en el marco de un sistema dinámico de adquisición.
d) Con su adjudicación, a excepción de los contratos menores, los contratos basados en un acuerdo marco, los contratos específicos en el marco de un sistema dinámico de adquisición y los contratos subvencionados.

4. En relación a la formalización del contrato, ¿pueden las entidades del sector público contratar verbalmente?

a) No, en ningún caso.
b) Solo cuando se trate de contratos menores.
c) Solo cuando el contrato tenga carácter de emergencia.
d) Solo en caso de contratos de suministros no sujetos a regulación armonizada.

5. No se adjudicarán mediante subasta electrónica:

a) Los contratos tramitados por procedimientos abiertos.
b) Los contratos tramitados por procedimientos restringidos.
c) Aquellos contratos en que la adjudicación se base únicamente en los precios.
d) Los contratos cuyo objeto tenga relación con la calidad alimentaria.

6. En procedimientos abiertos de adjudicación de contratos sujetos a regulación armonizada, el plazo de presentación de proposiciones no será inferior, para los contratos de obras, suministros y servicios:

a) A 20 días.
b) A 25 días.
c) A 30 días.
d) A 35 días.

7. Salvo que los pliegos o el contrato establezcan un plazo mayor, el contratista deberá respetar el carácter confidencial de aquella información a la que tenga acceso con ocasión de la ejecución del contrato a la que se le hubiese dado el referido carácter en los pliegos o en el contrato, o que por su propia naturaleza deba ser tratada como tal, durante un plazo desde el conocimiento de esa información de:

a) 3 años.
b) 5 años.
c) 7 años.
d) 10 años.

8. A efectos de la adjudicación del contrato NO podrá celebrarse una subasta electrónica, en casos:

a) De procedimientos abiertos.
b) De procedimientos restringidos.
c) De procedimientos negociados.
d) En que las prestaciones que constituyen su objeto tengan carácter intelectual.

9. Cuando solo se utilice un criterio de adjudicación, este ha de relacionarse, necesariamente con:

a) La calidad.
b) Las características vinculadas con la satisfacción de exigencias sociales que respondan a necesidades, definidas en las especificaciones del contrato, propias de las categorías de población especialmente desfavorecidas a las que pertenezcan los usuarios o beneficiarios de las prestaciones a contratar.
c) El plazo de ejecución o entrega de la prestación.
d) Los costes.

10. La valoración de más de un criterio de adjudicación procederá, en particular, en la adjudicación de los siguientes contratos:

a) En cualquier contrato de suministros.
b) Aquellos cuyos proyectos o presupuestos hayan podido ser establecidos previamente.
c) Aquellos que requieran el empleo de tecnología especialmente avanzada o cuya ejecución sea particularmente compleja.
d) Contratos de servicios en que las prestaciones estén perfectamente definidas técnicamente y no sea posible variar los plazos de entrega ni introducir modificaciones de ninguna clase en el contrato.

11. En procedimientos abiertos de adjudicación de contratos de obras sujetos a regulación armonizada, el plazo de presentación de proposiciones a contar desde la fecha del envío del anuncio de licitación del contrato a la Oficina de Publicaciones de la Unión Europea, no será inferior a:

a) 52 días.
b) 35 días.
c) 48 días.
d) 30 días.

12. En los procedimientos abiertos de contratos de obras no sujetos a regulación armonizada, el plazo de presentación de proposiciones contado desde la publicación del anuncio de licitación del contrato, no será inferior a:

a) 15 días.
b) 26 días.
c) 36 días.
d) 52 días.

13. En los contratos que tengan por objeto prestaciones de carácter intelectual, los criterios relacionados con la calidad deberán representar, al menos:

a) El 40% de la puntuación asignable en la valoración de las ofertas.
b) El 50% de la puntuación asignable en la valoración de las ofertas.

c) El 51% de la puntuación asignable en la valoración de las ofertas.
d) El 60% de la puntuación asignable en la valoración de las ofertas.

14. En el procedimiento abierto, la apertura de las proposiciones por parte del órgano competente para su valoración deberá efectuarse en el plazo máximo, contado desde la fecha de finalización del plazo para presentar las ofertas, de:

a) 10 días.
b) 15 días.
c) 20 días.
d) 1 mes.

15. El artículo 151 de la Ley de Contratos del Sector Público obliga a motivar la resolución de adjudicación y a notificarla a los candidatos y licitadores, debiendo ser publicada en el perfil de contratante en el plazo de:

a) 5 días.
b) 10 días.
c) 15 días.
d) 20 días.

En MADTEST tienes **más preguntas de este tema**, y todos tus avances quedan registrados y se reflejan en el ranking.

¡Supera tus límites con MADTEST!

Solución al test n.º 15

1. d) Los contratos subvencionados sujetos a regulación armonizada.

2. c) Contratos adjudicados mediante un procedimiento abierto.

3. a) Con su formalización, a excepción de los contratos menores y de los contratos basados en un acuerdo marco y los contratos específicos en el marco de un sistema dinámico de adquisición.

4. c) Solo cuando el contrato tenga carácter de emergencia.

5. d) Los contratos cuyo objeto tenga relación con la calidad alimentaria.

6. d) A 35 días.

7. b) 5 años.

8. d) En que las prestaciones que constituyen su objeto tengan carácter intelectual.

9. d) Los costes.

10. c) Aquellos que requieran el empleo de tecnología especialmente avanzada o cuya ejecución sea particularmente compleja.

11. b) 35 días.

12. b) 26 días.

13. c) El 51% de la puntuación asignable en la valoración de las ofertas.

14. c) 20 días.

15. c) 15 días.

Ley 9/2017, de 8 de noviembre, de Contratos del Sector Público (III): Régimen de invalidez. Del recurso especial

1. ¿Cuál de las siguientes es una causa de anulabilidad del contrato?

a) El incumplimiento de las circunstancias y requisitos exigidos para la modificación de los contratos.

b) La falta de publicación del anuncio de licitación en el perfil de contratante alojado en la Plataforma de Contratación del Sector Público.

c) Haber llevado a efecto la formalización del contrato, en los casos en que se hubiese interpuesto el recurso especial en materia de contratación sin respetar la suspensión automática del acto recurrido en los casos en que fuera procedente.

d) La falta de capacidad de obrar o de solvencia económica, financiera, técnica o profesional.

2. Señala la respuesta incorrecta en relación a la nulidad de pleno derecho de un contrato celebrado por poder adjudicador:

a) Es causa de nulidad la falta de capacidad de obrar o de solvencia económica, financiera, técnica o profesional, y la falta de habilitación empresarial o profesional cuando sea exigible para la realización de la actividad o prestación que constituya el objeto del contrato.

b) Si la declaración administrativa de nulidad de un contrato produjese un grave trastorno al servicio público, podrá disponerse en el mismo acuerdo la continuación de los efectos de aquel y bajo sus mismas cláusulas, hasta que se adopten las medidas urgentes para evitar el perjuicio.

c) La carencia o insuficiencia de crédito, de conformidad con lo establecido en la Ley 47/2003, de 26 de noviembre, General Presupuestaria, o en las normas presupuestarias de las restantes Administraciones Públicas sujetas a esta Ley, salvo los supuestos de emergencia.

d) La declaración de nulidad de cualquier acto del contrato, cuando sea firme, llevará en todo caso consigo la del mismo contrato, que entrará en fase de liquidación, debiendo restituirse las partes recíprocamente las cosas que hubiesen recibido en virtud del mismo y si esto no fuese posible se devolverá su valor.

3. De acuerdo con el artículo 42 de la Ley 9/2017, de 8 de noviembre, la declaración de nulidad de los actos preparatorios del contrato o de la adjudicación, cuando sea firme:

a) Llevará en todo caso consigo la del mismo contrato, que entrará en fase de liquidación.

b) La nulidad de los actos que sean preparatorios solo afectará a estos.

c) En la declaración de nulidad se dispondrá, en todo caso, la continuidad de los efectos del contrato, con expresión de la indemnización que la parte que resulte culpable deberá abonar a la contraria por los daños y perjuicios que haya sufrido.

d) Ninguna respuesta es correcta.

4. ¿Por cuál de las siguientes razones, en virtud del artículo 39.2 de la Ley 9/2017, los contratos celebrados por poderes adjudicadores serán nulos de pleno derecho?

a) Los encargos que acuerden los poderes adjudicadores para la ejecución directa de prestaciones a través de medios propios, cuando no observen alguno de los requisitos establecidos relativos a la condición de medio propio.

b) El incumplimiento de las circunstancias y requisitos exigidos para la modificación de los contratos.

c) Todas aquellas disposiciones, resoluciones, cláusulas o actos emanados de cualquier poder adjudicador que otorguen, de forma directa o indirecta, ventajas a las empresas que hayan contratado previamente con cualquier Administración.

d) El incumplimiento de las normas establecidas para la adjudicación de los contratos basados en un acuerdo marco celebrado con varios empresarios o de los contratos específicos basados en un sistema dinámico de adquisición en el que estuviesen admitidos varios empresarios, siempre que dicho incumplimiento hubiera determinado la adjudicación del contrato de que se trate a otro licitador.

5. Son susceptibles de recurso especial los contratos de obras cuyo valor estimado sea superior a: (a partir de)

a) 100.000 euros.

b) 500.000 euros.

c) 1 millón de euros.

d) 3 millones de euros.

6. Son susceptibles de recurso especial los contratos de servicios cuyo valor estimado sea superior a: (a partir de)

a) 100.000 euros.

b) 500.000 euros.

c) 1 millón de euros.

d) 3 millones de euros.

7. De acuerdo con el artículo 50 de la LCSP, el procedimiento de recurso especial en materia de contratación se iniciará mediante escrito que deberá presentarse en el plazo de:

a) Diez días hábiles.
b) Quince días hábiles.
c) Veinte días hábiles.
d) Treinta días hábiles.

8. En relación al recurso especial en materia de contratación, señale la respuesta correcta:

a) Con carácter general se admitirá el recurso contra los pliegos y documentos contractuales que hayan de regir una contratación aunque el recurrente, con carácter previo a su interposición, hubiera presentado oferta o solicitud de participación en la licitación correspondiente.

b) Estarán legitimadas para interponer este recurso las organizaciones sindicales cuando de las actuaciones o decisiones recurribles pudiera deducirse fundadamente que estas implican que en el proceso de ejecución del contrato se incumplan por el empresario las obligaciones sociales o laborales respecto de los trabajadores que participen en la realización de la prestación.

c) Los actos de la Mesa de contratación por los que se excluyen ofertas por resultar anormalmente bajas como consecuencia de la aplicación del artículo 149 no podrán ser objeto de recurso especial, debiendo ser alegados al recurrir el acto de adjudicación.

d) Si se aprecia temeridad o mala fe en la interposición del recurso o en la solicitud de medidas cautelares, el Tribunal podrá acordar la imposición de una multa al responsable de la misma por importe de entre 1.000 y 50.000 euros, determinándose su cuantía en función de la mala fe apreciada y el perjuicio ocasionado al órgano de contratación y a los restantes licitadores, así como del cálculo de los beneficios obtenidos.

9. De acuerdo con la Ley de Contratos del Sector Público, la falta de publicación del anuncio de licitación en el perfil de contratante alojado en la Plataforma de Contratación del Sector Público o en los servicios de información similares de las comunidades Autónomas, en el "Diario Oficial de la Unión Europea" o en el medio de publicidad que sea preceptivo es:

a) Causa de nulidad de pleno derecho.
b) Causa de anulabilidad de derecho administrativo.
c) Una irregularidad no invalidante.
d) Causa de anulabilidad de derecho administrativo o de derecho civil, según sea la naturaleza del contrato.

10. El órgano competente para la resolución del recurso especial en materia de contratación de la Administración General del Estado será:

a) El Tribunal Administrativo Central de Recursos Contractuales.
b) El Ministerio de Hacienda.
c) El Ministerio de Justicia.
d) El establecido en el documento contractual.

11. Según el artículo 44 de la Ley 9/2017, de 8 de noviembre, serán susceptibles de recurso especial en materia de contratación:

a) Contratos de obras que tengan un valor estimado superior a un millón de euros.
b) Contratos de servicios que tengan un valor estimado superior a diez mil euros.
c) Concesiones de servicios que tengan un valor estimado superior a tres millones de euros.
d) Todos los contratos subvencionados.

12. ¿Cuántos vocales, como mínimo, tendrá el Tribunal Administrativo Central de Recursos Contractuales?

a) Tres.
b) Cinco.
c) Siete.
d) Nueve.

13. El Tribunal Administrativo Central de Recursos Contractuales estará dividido en un mínimo de:

a) 2 Secciones.
b) 3 Secciones.
c) 4 Secciones.
d) 5 Secciones.

14. Respecto del recurso especial en materia de contratación regulado en el artículo 44 y siguientes de la LCSP, señale la respuesta INCORRECTA:

a) Podrá interponerlo cualquier persona física o jurídica cuyos derechos o intereses legítimos, individuales o colectivos, se hayan visto perjudicados o puedan resultar afectados, de manera directa o indirecta, por las decisiones objeto del recurso.
b) Las personas legitimadas para interponerlo podrán solicitar ante el órgano competente para resolver el recurso la adopción de medidas cautelares.
c) Este recurso será de aplicación en los procedimientos de adjudicación que se sigan por el trámite de emergencia.
d) Transcurridos dos meses contados desde el siguiente a la interposición del recurso sin que se haya notificado su resolución el interesado podrá considerarlo desestimado a los efectos de interponer recurso contencioso-administrativo.

15. Señala la respuesta más ajustada al artículo 53 de la Ley de Contratos del Sector Público en relación a los efectos de la interposición de un recurso especial en materia de contratación contra el acto de adjudicación:

a) Suspende la tramitación del procedimiento de licitación.

b) Suspende la tramitación del procedimiento de licitación, salvo en el caso de contratos basados en un acuerdo marco o de contratos específicos en el marco de un sistema dinámico de adquisición.

c) Suspende la tramitación del procedimiento de licitación, salvo en el caso de acuerdos marco y contratos basados en un acuerdo marco o sistemas dinámicos de adquisición y de contratos específicos en el marco de un sistema dinámico de adquisición.

d) Suspende el acto público de apertura de las proposiciones.

En MADTEST tienes **más preguntas de este tema**, y todos tus avances quedan registrados y se reflejan en el ranking.

¡Supera tus límites con MADTEST!

Solución al test n.º 16

1. a) El incumplimiento de las circunstancias y requisitos exigidos para la modificación de los contratos.

2. d) La declaración de nulidad de cualquier acto del contrato, cuando sea firme, llevará en todo caso consigo la del mismo contrato, que entrará en fase de liquidación, debiendo restituirse las partes recíprocamente las cosas que hubiesen recibido en virtud del mismo y si esto no fuese posible se devolverá su valor.

3. a) Llevará en todo caso consigo la del mismo contrato, que entrará en fase de liquidación.

4. d) El incumplimiento de las normas establecidas para la adjudicación de los contratos basados en un acuerdo marco celebrado con varios empresarios o de los contratos específicos basados en un sistema dinámico de adquisición en el que estuviesen admitidos varios empresarios, siempre que dicho incumplimiento hubiera determinado la adjudicación del contrato de que se trate a otro licitador.

5. d) 3 millones de euros.

6. a) 100.000 euros.

7. b) Quince días hábiles.

8. b) Estarán legitimadas para interponer este recurso las organizaciones sindicales cuando de las actuaciones o decisiones recurribles pudiera deducirse fundadamente que estas implican que en el proceso de ejecución del contrato se incumplan por el empresario las obligaciones sociales o laborales respecto de los trabajadores que participen en la realización de la prestación.

9. a) Causa de nulidad de pleno derecho.

10. a) El Tribunal Administrativo Central de Recursos Contractuales.

11. c) Concesiones de servicios que tengan un valor estimado superior a tres millones de euros.

12. b) Cinco.

13. a) 2 Secciones.

14. c) Este recurso será de aplicación en los procedimientos de adjudicación que se sigan por el trámite de emergencia.

15. b) Suspende la tramitación del procedimiento de licitación, salvo en el caso de contratos basados en un acuerdo marco o de contratos específicos en el marco de un sistema dinámico de adquisición.

Consejería de Sanidad y Consumo del Gobierno de Canarias. Decreto 94/1999, de 25 de mayo, en relación con el Decreto 147/2001, de 9 de julio: estructura y funcionamiento de la Oficina Canaria de Defensa de los Derechos de los Usuarios Sanitarios y la tramitación de las reclamaciones, solicitudes, iniciativas y sugerencias en el ámbito sanitario

1. La Oficina de Defensa de los Derechos de las Personas Usuarias Sanitarias depende orgánica y funcionalmente de:

a) El Parlamento de Canarias.
b) El Servicio Canario de la Salud.
c) La Consejería con competencias en materia de sanidad.
d) El Defensor del Pueblo.

2. Uno de los principios rectores de la actuación de la Oficina es:

a) Exclusivamente la confidencialidad de los datos.
b) El respeto a la autonomía de la voluntad de cada paciente.
c) La rapidez por encima de la contradicción.
d) La prioridad de lo económico sobre lo asistencial.

3. ¿Qué se entiende por reclamación según el Decreto 8/2025?

a) Una propuesta para mejorar la calidad de los servicios.
b) Un escrito en el que la persona usuaria manifiesta su disconformidad con los servicios sanitarios recibidos.
c) Una solicitud de información sobre normativa sanitaria.
d) Una sugerencia presentada de forma anónima.

4. Una sugerencia se caracteriza por:

a) Ser un escrito de queja contra un profesional.
b) Ser un informe técnico de un servicio.

c) Tener por finalidad proponer mejoras en la calidad, organización o funcionamiento de los servicios.

d) Ser una petición de documentación clínica.

5. La memoria anual de actividad de la Oficina:

a) Es opcional.

b) Es una función atribuida expresamente a la Oficina.

c) La elaboran las Gerencias de Hospitales.

d) Solo se exige cada cinco años.

6. El ámbito de aplicación del Decreto 8/2025 incluye:

a) Únicamente los centros sanitarios públicos.

b) Solamente hospitales de más de 100 camas.

c) Todos los centros, servicios y establecimientos sanitarios ubicados en Canarias, sean públicos o privados.

d) Únicamente los servicios administrativos.

7. Quedan excluidas del ámbito del Decreto 8/2025:

a) Las reclamaciones asistenciales.

b) Las reclamaciones de carácter económico.

c) Las sugerencias sobre confort en hospitales.

d) Las solicitudes de información sobre derechos sanitarios.

8. El deber de colaboración con la Oficina recae en:

a) Únicamente en los centros públicos.

b) Centros y servicios sanitarios, públicos y privados.

c) Exclusivamente en la Consejería de Sanidad.

d) Solo en hospitales de referencia.

9. Entre los servicios dependientes funcionalmente de la Oficina de Defensa de los Derechos de las Personas Usuarias Sanitarias en la Comunidad Autónoma de Canarias se encuentran:

a) Los Colegios Profesionales.

b) Los Servicios de Atención a las Personas Usuarias en hospitales y gerencias.

c) El Defensor del Pueblo.

d) Los Juzgados de lo Contencioso-Administrativo.

10. Los formularios normalizados de reclamaciones deben estar disponibles:

a) Únicamente en la sede electrónica.

b) Solo en hospitales de tercer nivel.

c) En todos los centros, servicios y establecimientos sanitarios públicos y privados.

d) Exclusivamente en la Consejería de Sanidad.

11. Una reclamación presentada en un centro privado debe remitirse a la Oficina de Defensa de los Derechos de las Personas Usuarias Sanitarias en la Comunidad Autónoma de Canarias en el plazo máximo de:

a) 24 horas.
b) 10 días hábiles.
c) 5 días hábiles.
d) 15 días naturales.

12. El escrito de reclamación debe contener, al menos:

a) El diagnóstico médico y el historial clínico.
b) Identificación de la persona usuaria, objeto de la reclamación, pretensión y firma.
c) La normativa en la que se fundamenta.
d) La conformidad de la gerencia.

13. El plazo máximo para responder a una reclamación es de:

a) 1 mes.
b) 3 meses.
c) 2 meses.
d) 6 meses.

14. Una reclamación puede ser inadmitida cuando:

a) Se formule en sede electrónica.
b) Sea anónima, salvo actuaciones de interés.
c) Se acompañe de documentos médicos.
d) Se presente en festivos.

15. ¿Qué órgano responde en primer nivel las reclamaciones en hospitales públicos?

a) La Oficina central.
b) La Dirección Gerencia del hospital.
c) El Defensor del Pueblo.
d) La Inspección Sanitaria estatal.

En MADTEST tienes **más preguntas de este tema**, y todos tus avances quedan registrados y se reflejan en el ranking.

¡Supera tus límites con MADTEST!

Solución al test n.º 17

1. c) La Consejería con competencias en materia de sanidad.

2. b) El respeto a la autonomía de la voluntad de cada paciente.

3. b) Un escrito en el que la persona usuaria manifiesta su disconformidad con los servicios sanitarios recibidos.

4. c) Tener por finalidad proponer mejoras en la calidad, organización o funcionamiento de los servicios.

5. b) Es una función atribuida expresamente a la Oficina.

6. c) Todos los centros, servicios y establecimientos sanitarios ubicados en Canarias, sean públicos o privados.

7. b) Las reclamaciones de carácter económico.

8. b) Centros y servicios sanitarios, públicos y privados.

9. b) Los Servicios de Atención a las Personas Usuarias en hospitales y gerencias.

10. c) En todos los centros, servicios y establecimientos sanitarios públicos y privados.

11. c) 5 días hábiles.

12. b) Identificación de la persona usuaria, objeto de la reclamación, pretensión y firma.

13. c) 2 meses.

14. b) Sea anónima, salvo actuaciones de interés.

15. b) La Dirección Gerencia del hospital.

TEST N.º 18

Consejería de Sanidad y Consumo del Gobierno de Canarias. Decreto 123/1999, 17 junio, sobre selección de personal estatutario y la provisión de plazas básicas y puestos de trabajo en los Órganos de prestación de servicios sanitarios del Servicio Canario de la Salud: selección de personal estatutario y provisión de puestos de trabajo en los órganos de prestación de servicios sanitarios del Servicio Canario de la Salud: Objeto y ámbito de aplicación. Oferta de Empleo de Personal Estatutario. Convocatorias: Modalidades de convocatorias. Pruebas selectivas por el sistema de concurso-oposición. Promoción interna. Concurso de traslado. Otras formas de provisión: Redistribución de efectivos. Comisiones de Servicios. Libre designación. Provisión de puestos de carácter directivo. Provisión de puestos de Jefatura de Unidad

1. ¿Qué dos artículos de la Constitución Española de 1978 configuran el derecho de acceso de los ciudadanos a las funciones públicas en condiciones de igualdad?

a) Los artículos 19 y 21.1.
b) Los artículos 23 y 103.
c) Los artículos 27 y 105.
d) Los artículos 31 y 107.

2. De acuerdo a qué dos principios configura la carta Magna el derecho de acceso de los ciudadanos a las funciones públicas:

a) Igualdad y legalidad.
b) Capacidad y antigüedad.
c) Publicidad y transparencia.
d) Mérito y capacidad.

3. ¿A quién atribuye la Constitución Española de 1978 la competencia sobre la legislación básica en materia de sanidad y régimen estatutario de los funcionarios?

a) Al Estado.
b) A las Comunidades Autónomas.
c) De forma compartida entre el Estado y las Comunidades Autónomas.
d) A las Corporaciones Locales.

4. ¿Qué norma regula los procesos de selección de personal estatutario fijo, la provisión de plazas básicas adscritas a dicho personal y la provisión de puestos de trabajo en los órganos de prestación de servicios sanitarios del Servicio Canario de la Salud?

a) La Ley 14/1986, de 25 de abril.
b) El Decreto 40/2015, de 1 de octubre.
c) El Decreto 123/1999, 17 junio.
d) La Ley Orgánica 1/2018, de 5 de noviembre.

5. Señala la respuesta incorrecta respecto a la vinculación de las plazas básicas de personal estatutario:

a) En las plantillas orgánicas se podrán establecer servicios, unidades, categorías o plazas con vinculación a varias Zonas Básicas o a un Área de Salud.
b) Las plazas de Atención Especializada, tanto hospitalaria como extrahospitalaria, estarán vinculadas territorialmente al hospital o complejo hospitalario en cuya plantilla orgánica se encuentren incluidas.
c) Las plazas de Atención Primaria estarán vinculadas territorialmente al ámbito de la Zona Básica de Salud.
d) Las plazas básicas de personal estatutario estarán vinculadas al nivel asistencial, de Atención Primaria o Especializada, que se especifique en las plantillas orgánicas.

6. Con carácter general, la cobertura de plazas básicas vacantes de personal estatutario de los órganos de prestación de servicios sanitarios del Servicio Canario de la Salud se realizará mediante procesos de selección, por el sistema de:

a) Oposición.
b) Concurso.
c) Concurso-oposición.
d) Concurso de traslado.

7. Con carácter general se efectuará un proceso selectivo y de provisión para cada categoría con periodicidad:

a) Semestral.
b) Anual.
c) Bianual.
d) Trienal.

8. ¿Mediante qué sistema excepcional podrán ser cubiertas las plazas básicas vacantes de personal estatutario?

a) Mediante concurso de traslado.
b) Mediante redistribución de efectivos.
c) Mediante libre designación.
d) Mediante concurso de méritos.

9. Cuando así esté previsto en las plantillas orgánicas correspondientes los puestos de trabajo de carácter directivo y de Jefatura de Unidad se proveerán mediante:

a) El sistema de libre designación.
b) Concurso de méritos.
c) El sistema de redistribución de efectivos.
d) Concurso de traslado.

10. ¿Dónde habrá de negociarse la oferta de empleo de personal estatutario del Servicio Canario de la Salud?

a) En la Secretaría General Técnica de la Consejería de Sanidad.
b) En la Comisión de la Función Pública Canaria.
c) En la Mesa Sectorial de Sanidad.
d) En la Dirección General de Recursos Humanos de la Consejería de Sanidad.

11. Por el ámbito territorial afectado, las convocatorias pueden ser:

a) Principales y secundarias.
b) Generales y específicas.
c) Generales y locales.
d) Centrales y territoriales.

12. Las convocatorias Centrales, Generales o Específicas se publicarán en el Boletín Oficial de Canarias y se efectuarán por la Dirección General de:

a) Recursos Humanos.
b) Personal.
c) Procesos Selectivos.
d) Selección y Formación.

13. ¿A quién le corresponde nombrar los Tribunales en las convocatorias territoriales, tanto Generales como Específicas?

a) A la persona titular de la Consejería de Sanidad.
b) A la persona titular de la Consejería con competencias en materia de función pública.

c) A la Dirección General de Recursos Humanos.
d) A la Dirección del Servicio Canario de Empleo.

14. Las convocatorias Territoriales, Generales o Específicas se publicarán en los lugares que se indiquen en las Bases Generales Comunes y, en todo caso, mediante su fijación en los tablones de anuncios del órgano u órganos a los que corresponda efectuarlas durante un plazo mínimo de:

a) Quince días.
b) Veinte días.
c) Un mes.
d) Tres meses.

15. Señala cuál de las siguientes especificaciones ha de contenerse en las Convocatorias Centrales, Generales o Específicas, y las Bases Generales Comunes:

a) El modelo de solicitud y documentación requerida, si procede.
b) Las funciones del Tribunal Coordinador y de los Tribunales Auxiliares, en su caso.
c) La forma y lugar en que se realizarán las sucesivas publicaciones.
d) Todas las respuestas son correctas.

En MADTEST tienes **más preguntas de este tema**, y todos tus avances quedan registrados y se reflejan en el ranking.

¡Supera tus límites con MADTEST!

Solución al test n.º 18

1. b) Los artículos 23 y 103.

2. d) Mérito y capacidad.

3. a) Al Estado.

4. c) El Decreto 123/1999, 17 junio.

5. b) Las plazas de Atención Especializada, tanto hospitalaria como extrahospitalaria, estarán vinculadas territorialmente al hospital o complejo hospitalario en cuya plantilla orgánica se encuentren incluidas.

6. c) Concurso-oposición.

7. c) Bianual.

8. b) Mediante redistribución de efectivos.

9. a) El sistema de libre designación.

10. c) En la Mesa Sectorial de Sanidad.

11. d) Centrales y territoriales.

12. a) Recursos Humanos.

13. c) A la Dirección General de Recursos Humanos.

14. b) Veinte días.

15. d) Todas las respuestas son correctas.

TEST N.º 19

Consejería de Sanidad del Gobierno de Canarias. Decreto 56/2007, de 13 de marzo, por el que se regula la tarjeta sanitaria canaria, y el documento sanitario de inclusión temporal y el acceso a las prestaciones públicas de asistencia sanitaria y farmacéutica. La tarjeta Sanitaria Individual: características fundamentales. Alcance y contenido

1. ¿En qué Capítulo del Decreto 56/2007, de 13 de marzo, se regula la tarjeta sanitaria canaria?

a) Capítulo II.
b) Capítulo I.
c) Capítulo III.
d) Capítulo IV.

2. El organismo competente para la expedición de la tarjeta sanitaria canaria es:

a) El Insalud.
b) El Servicio Canario de la Salud.
c) El Consejo Interterritorial del Sistema Nacional de Salud.
d) La Consejería de Salud.

3. ¿Y el encargado de reclamar el importe de las prestaciones o servicios sanitarios realizados a las personas obligadas al pago o financiación de las mismas?

a) El Consejo Interterritorial del Sistema Nacional de Salud.
b) El Ministerio de Sanidad.
c) El Servicio Canario de la Salud.
d) El organismo encargado del Sistema Nacional de Salud.

4. La tarjeta sanitaria canaria es un documento de carácter:

a) Privado.
b) Semipúblico.

c) Administrativo.

d) No es un documento.

5. Se exige el deber de obtener la tarjeta sanitaria canaria:

a) A los ciudadanos residentes en Canarias con derecho a la asistencia sanitaria pública.

b) A todos los ciudadanos residentes en Canarias.

c) A todos aquellos que pudieran tener derecho a sanidad pública.

d) A todos los españoles y aquellos extranjeros residentes en Canarias con derecho a la sanidad pública.

6. La tarjeta sanitaria canaria es documento suficiente y necesario para el acceso a las prestaciones de atención sanitaria y farmacéuticas:

a) En la Comunidad Autónoma de Canarias.

b) En el resto de España, pero en Canarias no es necesario.

c) Tanto en el Sistema Canario de Salud como en el Sistema Nacional de Salud.

d) En ningún caso.

7. Indica cuál de los siguientes datos no figura como obligatorio en la tarjeta sanitaria canaria:

a) Vigencia y fecha de caducidad, en su caso.

b) Número de afiliación a la Seguridad Social.

c) Modalidad de prestación farmacéutica que le corresponda.

d) El texto: "Comunidad Autónoma de Canarias. Servicio Canario de la Salud".

8. Exclusivamente, para aquellas personas que pertenezcan a colectivos con especiales dificultades y necesidades de acompañamiento y accesibilidad, se hará constar en la tarjeta sanitaria canaria que les corresponda:

a) Las iniciales AA.

b) Un código CIP.

c) Un número de referencia del tipo CSV.

d) Un código de identificación personal.

9. Tienen el derecho y el deber de obtener la tarjeta sanitaria canaria:

a) Cualquier persona de nacionalidad española.

b) Los nacidos en la Comunidad Autónoma de Canarias.

c) Quienes, residiendo o habiendo residido en Canarias, opten por acogerse a los servicios sanitarios canarios.

d) Los ciudadanos residentes que estén empadronados en cualquiera de los municipios de Canarias.

10. Los ciudadanos extranjeros empadronados en cualquier municipio de la Comunidad Autónoma Canaria en que residan habitualmente y tengan derecho a la asistencia sanitaria, pueden obtener:

a) El documento sanitario de inclusión temporal.
b) La tarjeta sanitaria europea.
c) La tarjeta sanitaria canaria.
d) La tarjeta sanitaria individual.

11. Tienen derecho a la tarjeta de inclusión temporal en Canarias:

a) Ciudadanos de la UE con tarjeta sanitaria europea.
b) Cualquier español que sea titular de tarjeta individual.
c) Extranjeros menores de 18 años de asistencia no urgente.
d) Todos los anteriores.

12. El plazo que tiene el organismo competente de la Comunidad Autónoma de Canarias para expedir la tarjeta sanitaria canaria y del documento sanitario de inclusión temporal a solicitud del interesado es de:

a) Un mes.
b) Seis meses.
c) Tres meses.
d) 15 días.

13. Si transcurriera ese plazo y no se hubiese dictado resolución expidiendo el documento que corresponda:

a) Se entenderá que tiene efectos desestimatorios.
b) Se deberá solicitar nuevamente.
c) Se está autorizado a pedir un documento que permita acceder a las prestaciones hasta que se resuelva definitivamente.
d) Se entenderá que se ha concedido.

14. En los supuestos de atención de urgencias y de extranjeras embarazadas no residentes y extranjeros menores de 18 años, la solicitud de la tarjeta sanitaria canaria o del documento sanitario de inclusión temporal:

a) Será documento suficiente para acceder a las prestaciones.
b) Siempre será estimada.
c) Servirá para acceder a las prestaciones, si se acompaña del documento administrativo de identificación del solicitante y certificado de residencia.
d) Deberá resolverse en el plazo de un día.

15. Indique cuál de las siguientes respuestas es incorrecta respecto de la tarjeta sanitaria canaria y del documento sanitario de inclusión temporal:

a) En caso de modificación de las circunstancias que sirvieron de base para su expedición, se procederá de oficio a modificar las condiciones del documento de que se trate.

b) Transcurrido el plazo de su vigencia, el órgano competente renovará de oficio la tarjeta sanitaria canaria sin más trámite.

c) En cualquier momento se podrá comprobar el mantenimiento de las circunstancias de hecho o de derecho que legitimaron el derecho a la asistencia sanitaria pública y, por tanto, el derecho a la obtención de estos documentos.

d) La renovación del documento sanitario de inclusión temporal está sujeta a la comprobación y mantenimiento de las circunstancias que dieron origen a su expedición.

En MADTEST tienes **más preguntas de este tema**, y todos tus avances quedan registrados y se reflejan en el ranking.

¡Supera tus límites con MADTEST!

Solución al test n.º 19

1. a) Capítulo II.

2. b) El Servicio Canario de la Salud.

3. c) El Servicio Canario de la Salud.

4. c) Administrativo.

5. a) A los ciudadanos residentes en Canarias con derecho a la asistencia sanitaria pública.

6. c) Tanto en el Sistema Canario de Salud como en el Sistema Nacional de Salud.

7. b) Número de la Seguridad Social.

8. a) Las iniciales AA.

9. d) Los ciudadanos residentes que estén empadronados en cualquiera de los municipios de Canarias.

10. a) El documento sanitario de inclusión temporal.

11. c) Extranjeros menores de 18 años de asistencia no urgente.

12. b) Seis meses.

13. a) Se entenderá que tiene efectos desestimatorios.

14. c) Servirá para acceder a las prestaciones, si se acompaña de documento administrativo de identificación del solicitante y certificado de residencia.

15. b) Transcurrido el plazo de su vigencia, el órgano competente renovará de oficio la tarjeta sanitaria canaria sin más trámite.

La Responsabilidad patrimonial de las Administraciones Públicas. Responsabilidad de las autoridades y personal al servicio de las Administraciones Públicas

1. En los procedimientos para la exigencia de la responsabilidad patrimonial de las autoridades y personal al servicio de las Administraciones Públicas, el acuerdo de iniciación del órgano competente se notificará a los interesados y en él deberá constar, entre otros:

a) Que podrán realizar alegaciones durante un plazo de quince días.
b) Que podrán realizar alegaciones durante un plazo de diez días.
c) Que podrán realizar alegaciones durante un plazo de veinte días.
d) Que podrán realizar alegaciones durante un plazo de cinco días.

2. Señala la respuesta incorrecta. En los procedimientos de responsabilidad patrimonial de las Administraciones Públicas, el daño alegado habrá de ser:

a) Efectivo.
b) Evaluable económicamente.
c) Individualizado con relación a una persona o grupo de personas.
d) Determinado en su conjunto cuando sea en relación con un grupo de personas.

3. En los procedimientos para la exigencia de la responsabilidad patrimonial de las autoridades y personal al servicio de las Administraciones Públicas, el acuerdo de iniciación del órgano competente se notificará a los interesados y en él deberá constar, entre otros:

a) Que la práctica de las pruebas admitidas y cualesquiera otras que el órgano competente estime oportunas se realizarán durante un plazo de veinte días.
b) Que la práctica de las pruebas admitidas y cualesquiera otras que el interesado estime oportunas se realizarán durante un plazo de diez días.
c) Que la práctica de las pruebas admitidas y cualesquiera otras que el órgano competente estime oportunas se realizarán durante un plazo de quince días.
d) Que la práctica de las pruebas admitidas y cualesquiera otras que el interesado estime oportunas se realizarán durante un plazo de cinco días.

4. ¿Quién fijará el importe de las indemnizaciones que proceda abonar cuando el Tribunal Constitucional haya declarado, a instancia de parte interesada, la existencia de un funcionamiento anormal en la tramitación de los recursos de amparo o de las cuestiones de inconstitucionalidad?

a) El Ministerio de Hacienda.
b) El Consejo de Ministros.
c) El Tribunal de Cuentas.
d) El propio Tribunal Constitucional.

5. En los procedimientos de responsabilidad patrimonial de las Administraciones Públicas, en los casos de muerte o lesiones corporales se podrá tomar como referencia la valoración incluida en:

a) Los baremos de la normativa vigente en materia de Decesos.
b) Los baremos de la normativa vigente en materia de Seguros obligatorios y de la Seguridad Social.
c) Los baremos de la normativa establecida por Índice de Garantía de la Competitividad.
d) Los baremos fijados en la Ley 47/2003, de 26 de noviembre, General Presupuestaria, o, en su caso, a las normas presupuestarias de las Comunidades Autónomas.

6. La anulación en vía administrativa o por el orden jurisdiccional contencioso administrativo de los actos o disposiciones administrativas:

a) No presupone, por sí misma, la imposición de sanción.
b) Presupone, por sí misma, derecho a la indemnización.
c) No presupone, por sí misma, derecho a la indemnización.
d) Presupone, por sí misma, la imposición de sanción.

7. Salvo que en ella se establezca otra cosa, la sentencia que declare el carácter de norma contraria al Derecho de la Unión Europea, producirá efectos desde la fecha de su publicación en:

a) El Boletín Oficial del Estado.
b) El portal del Consejo General del Poder Judicial.
c) El Boletín Oficial de la Comunidad Autónoma al que pertenezca el Juzgado que dicta sentencia.
d) En el Diario Oficial de la Unión Europea.

8. En los procedimientos para la exigencia de la responsabilidad patrimonial de las autoridades y personal al servicio de las Administraciones Públicas, el acuerdo de iniciación del órgano competente se notificará a los interesados y en él deberá constar, entre otros:

a) Que se formulará propuesta de resolución en un plazo de cinco días a contar desde la finalización del trámite de audiencia.
b) Que se formulará propuesta de resolución en un plazo de diez días a contar desde la finalización del trámite de audiencia.

c) Que se formulará propuesta de resolución en un plazo de quince días a contar desde la finalización del trámite de alegaciones.

d) Que se formulará propuesta de resolución en un plazo de veinte días a contar desde la finalización del trámite de alegaciones.

9. En los supuestos de responsabilidad concurrente de las Administraciones Públicas, dichas Administraciones intervinientes responderán frente al particular:

a) En todo caso de forma solidaria.

b) En todo caso de forma subsidiaria.

c) De forma solidaria, excepcionalmente.

d) De forma subsidiaria, en los casos regulados.

10. La cuantía de la indemnización en los procedimientos de responsabilidad patrimonial de las Administraciones Públicas se calculará, sin perjuicio de su actualización a la fecha en que se ponga fin al procedimiento de responsabilidad, con referencia:

a) Al día de la firma del informe médico que certifica la lesión.

b) Al día en el que el interesado puso en conocimiento de la Administración la existencia de la lesión.

c) Al día en que se tuvo conocimiento de la lesión.

d) Al día en que la lesión efectivamente se produjo.

11. El procedimiento para la exigencia de la responsabilidad patrimonial de las autoridades y personal al servicio de las Administraciones Públicas, se iniciará por acuerdo del órgano competente que se notificará a los interesados y que constará, al menos de:

a) Alegaciones durante un plazo de veinte días.

b) Audiencia durante un plazo de veinte días.

c) Práctica de las pruebas admitidas y cualesquiera otras que el órgano competente estime oportunas durante un plazo de cinco días.

d) Resolución por el órgano competente en el plazo de cinco días, tras la propuesta de resolución.

12. En el procedimiento para la exigencia de la responsabilidad patrimonial de las autoridades y personal al servicio de las Administraciones Públicas, la resolución declaratoria de responsabilidad:

a) No pone fin a la vía administrativa.

b) Pondrá fin a la vía administrativa.

c) Permite reiniciar la vía administrativa.

d) No impide que se vuelva a intentar por vía administrativa.

13. La responsabilidad penal del personal al servicio de las Administraciones Públicas se exigirá de acuerdo con lo previsto en:

a) La legislación social.
b) La legislación administrativa.
c) La legislación civil.
d) La legislación penal.

14. Como regla general, la exigencia de responsabilidad penal del personal al servicio de las Administraciones Públicas:

a) No suspenderá los procedimientos de reconocimiento de responsabilidad patrimonial que se instruyan.
b) Suspenderá los procedimientos de reconocimiento de responsabilidad patrimonial que se instruyan.
c) Hará que se archiven por caducidad los procedimientos de reconocimiento de responsabilidad patrimonial que se instruyan.
d) Supondrá la prescripción de los procedimientos de reconocimiento de responsabilidad patrimonial que se instruyan.

15. Para hacer efectiva la responsabilidad patrimonial de las autoridades y personal al servicio de las Administraciones Públicas, los particulares exigirán las indemnizaciones por los daños y perjuicios causados:

a) Al personal que ha cometido la infracción.
b) Directamente a la Administración Pública correspondiente.
c) Al personal que ha cometido la infracción y subsidiariamente a la Administración Pública correspondiente.
d) Directamente al Ministerio de Hacienda.

En MADTEST tienes **más preguntas de este tema**, y todos tus avances quedan registrados y se reflejan en el ranking.

¡Supera tus límites con MADTEST!

Solución al test n.º 20

1. a) Que podrán realizar alegaciones durante un plazo de quince días.

2. d) Determinado en su conjunto cuando sea en relación con un grupo de personas.

3. c) Que la práctica de las pruebas admitidas y cualesquiera otras que el órgano competente estime oportunas se realizarán durante un plazo de quince días.

4. b) El Consejo de Ministros.

5. b) Los baremos de la normativa vigente en materia de Seguros obligatorios y de la Seguridad Social.

6. c) No presupone, por sí misma, derecho a la indemnización.

7. d) En el Diario Oficial de la Unión Europea.

8. a) Que se formulará propuesta de resolución en un plazo de cinco días a contar desde la finalización del trámite de audiencia.

9. a) En todo caso de forma solidaria.

10. d) Al día en que la lesión efectivamente se produjo.

11. d) Resolución por el órgano competente en el plazo de cinco días, tras la propuesta de resolución.

12. b) Pondrá fin a la vía administrativa.

13. d) La legislación penal.

14. a) No suspenderá los procedimientos de reconocimiento de responsabilidad patrimonial que se instruyan.

15. b) Directamente a la Administración Pública correspondiente.

Orden de 28 de febrero de 2005, de la Consejería de Sanidad del Gobierno de Canarias, por la que se aprueba la Carta de los Derechos y de los Deberes de los Pacientes y Usuarios del Sistema Canario de la Salud

1. La Carta de los Derechos y de los Deberes de los Pacientes y Usuarios del Sistema Canario de Salud se aprobó con rango de:

a) Resolución.
b) Decreto.
c) Ley.
d) Orden.

2. ¿En qué parte de la Carta de los Derechos y de los Deberes de los Pacientes y Usuarios del Sistema Canario de Salud, se desarrollan los derechos y deberes de los pacientes y usuarios del Sistema Canario de Salud?

a) En el Título Preliminar.
b) En la Disposición Final primera.
c) En el Anexo.
d) Ninguna es correcta.

3. En relación a la difusión de la carta es cierto que:

a) Se fijarán en todas las paredes frontales de cada planta.
b) Los folletos, dípticos y hojas informativas se habilitarán descargándolos en la página web.
c) Los responsables de los centros, servicios y establecimientos sanitarios deberán mantener el material en el que se recoja la Carta a disposición de los pacientes o usuarios sanitarios y especialmente, en las zonas habilitadas para la atención al público.
d) Todas son correctas.

4. El derecho a disponer en todos los centros, servicios y establecimientos sanitarios y sociosanitarios de una carta de derechos y deberes por lo que ha de regirse su relación con los mismos, se regula en el artículo 6, ¿de qué Ley?

a) Ley 41/2002, de 14 de noviembre.
b) Ley 11/1994, de 26 de julio.
c) Ley 14/1986, de 25 de abril.
d) Orden de 28 de febrero de 2005.

5. La protección jurídica de los derechos reconocidos así como la codificación y difusión de los mismos de tal manera que todos los ciudadanos puedan tener un rápido acceso al conocimiento de sus obligaciones y derechos es tarea de:

a) La Administración canaria.
b) Los Gobiernos.
c) Los Parlamentos.
d) Los poderes públicos.

6. En relación a la Oficina de Defensa de los Derechos de los Usuarios Sanitarios es cierto que:

a) Se encargará de la elaboración de los soportes informáticos y documentales a los que se incorporará la Carta.
b) Se encargará de difundir la Carta entre los centros, establecimientos y servicios sanitarios integrantes del Sistema Canario de la Salud.
c) Dentro del área funcional de información, el Decreto 94/1999, atribuye a la Oficina la función de elaborar y difundir la Carta de los Derechos y de los Deberes de los Pacientes y Usuarios Sanitarios.
d) Todas son correctas.

7. Los responsables de los centros, servicios y establecimientos sanitarios:

a) Podrán mantener el material en el que se recoja la Carta a disposición de los pacientes o usuarios sanitarios.
b) Deberán mantener el material en el que se recoja la Carta a disposición de los pacientes o usuarios sanitarios.
c) No están obligados a mantener el material en el que se recoja la Carta en las zonas habilitadas para la atención al público.
d) Ninguna es correcta.

8. ¿Cada cuánto tiempo debe la Oficina de Defensa de los Derechos de los Usuarios Sanitarios renovar el suministro a los distintos centros, establecimientos y servicios sanitarios?

a) Anualmente.
b) Mensualmente.

c) Semestralmente.
d) Periódicamente.

9. El coste de la confección del material podrá imputarse al centro, servicio o establecimiento sanitario, que la haya originado:

a) En todo caso.
b) Siempre.
c) Cuando no supere la media real.
d) Cuando la demanda de material tenga carácter extraordinario.

10. El derecho a la elección, previa indicación facultativa, entre los servicios y Centros que forman parte del Servicio Canario de la Salud, o en su caso, de la Red Hospitalaria de Utilización Pública, se realiza de acuerdo ¿a qué principios?

a) Coordinación de los recursos sanitarios.
b) Optimización de los medios y recursos del Sistema Canario de la Salud.
c) Optimización de los recursos públicos.
d) Todas son correctas.

11. En relación a los derechos específicos de los enfermos mentales es cierto que:

a) Los ingresos forzosos deberán realizarse de acuerdo con la normativa en vigor.
b) Cuando en los ingresos voluntarios desapareciera la plenitud de facultades durante el internamiento, la Dirección del centro podrá solicitar la correspondiente autorización judicial, debiendo reexaminar periódicamente la necesidad de internamiento.
c) Cuando en los ingresos voluntarios desapareciera la plenitud de facultades durante el internamiento, la Dirección del centro deberá solicitar la correspondiente autorización judicial, debiendo reexaminar anualmente la necesidad de internamiento.
d) Cuando en los ingresos voluntarios desapareciera la plenitud de facultades durante el internamiento, la Dirección del centro deberá solicitar la correspondiente autorización Judicial, debiendo reexaminar periódicamente la necesidad de internamiento.

12. Entre los deberes de los pacientes y usuarios del Sistema Canario de Salud se encuentra:

a) Deber de cumplimiento de las prescripciones y órdenes sanitarias conforme a lo establecido legalmente.
b) Deber de respeto a la dignidad personal y profesional de cuantos prestan sus servicios en el Sistema Canario de Salud.
c) Deber de facilitar los datos sobre su estado físico o su salud de manera leal y verdadera y de colaborar en su obtención.
d) Todas son correctas.

13. La estructura y el funcionamiento de la Oficina de los Derechos de los Usuarios Sanitarios, se regula con rango de:

a) Decreto.
b) Orden.
c) Resolución.
d) Ley.

14. Observar las normas y la veracidad en el uso de los recursos y prestaciones del sistema, es dentro del Sistema Canario de Salud, para los pacientes y usuarios:

a) Un derecho.
b) Un deber.
c) Un principio ético.
d) Un principio de conducta.

15. Señale la respuesta correcta en relación al derecho a participar en las actividades sanitarias, a través de las instituciones comunitarias:

a) Se hará en los términos establecidos reglamentariamente.
b) Se hará en los términos establecidos por la Ley.
c) No se trata de un derecho, sino que es un deber.
d) Ninguna es correcta.

En MADTEST tienes **más preguntas de este tema**, y todos tus avances quedan registrados y se reflejan en el ranking.

¡Supera tus límites con MADTEST!

Solución al test n.º 21

1. d) Orden.

2. c) En el Anexo.

3. c) Los responsables de los centros, servicios y establecimientos sanitarios deberán mantener el material en el que se recoja la Carta a disposición de los pacientes o usuarios sanitarios y especialmente, en las zonas habilitadas para la atención al público.

4. b) Ley 11/1994, de 26 de julio.

5. d) Los poderes públicos.

6. d) Todas son correctas.

7. b) Deberán mantener el material en el que se recoja la Carta a disposición de los pacientes o usuarios sanitarios.

8. d) Periódicamente.

9. d) Cuando la demanda de material tenga carácter extraordinario.

10. c) Optimización de los recursos públicos.

11. d) Cuando en los ingresos voluntarios desapareciera la plenitud de facultades durante el internamiento, la Dirección del centro deberá solicitar la correspondiente autorización Judicial, debiendo reexaminar periódicamente la necesidad de internamiento.

12. d) Todas son correctas.

13. a) Decreto.

14. b) Un deber.

15. b) Se hará en los términos establecidos por la Ley.

Decreto Territorial 116/2006, de 1 de agosto, por el que se regula el sistema de organización, gestión e información de las listas de espera en el ámbito sanitario: Objeto y ámbito. Sistema de información sanitaria en materia de listas de espera

1. El sistema de organización, gestión e información de las listas de espera en el ámbito sanitario se regula con rango de:

a) Orden.
b) Resolución.
c) Ley.
d) Decreto.

2. ¿Qué finalidad tienen las medidas reguladas en el Decreto 116/2006?

a) La regulación del sistema de información de las listas de espera.
b) La reordenación de las listas de espera.
c) La coordinación de las listas de espera quirúrgica y las de consulta especializada.
d) La reducción de las listas de espera.

3. El Decreto 116/2006, de 1 de agosto se aplicará:

a) A todos los centros y servicios de la Red Hospitalaria de Utilización Pública del Servicio Canario de la Salud sin incluir los centros y servicios concertados.
b) A todos los centros y servicios de la Red Hospitalaria de Utilización Pública del Servicio Canario de la Salud y a los centros y servicios concertados.
c) Solo a los centros y servicios concertados.
d) Ninguna es correcta.

4. La aplicación del Decreto 116/2006, afectará a todos los pacientes con derecho a la asistencia sanitaria pública en el Sistema Canario de Salud que se encuentren en alguna de las situaciones siguientes (señale la respuesta incorrecta):

a) Pacientes con indicación quirúrgica urgente de un procedimiento diagnóstico/ terapéutico, establecido por el correspondiente facultativo especialista quirúrgico de la red pública.

b) Pacientes en espera para ser atendidos en primeras consultas de asistencia especializada.

c) Pacientes en espera para ser atendidos para la realización de pruebas diagnósticas/terapéuticas en atención hospitalaria solicitadas por un médico de la red pública, teniendo documentada tal petición.

d) Todas son correctas.

5. Es competencia de la Dirección General competente en materia de programas asistenciales:

a) Aprobar las propuestas contenidas en los Planes de Actuación elaborados por las Gerencias de los Hospitales de la Red Hospitalaria de Utilización Pública.

b) Determinar, a la vista de las propuestas e informes pertinentes, los volúmenes máximos y mínimos de actividad quirúrgica, primeras consultas especializadas y primeras pruebas diagnósticas/terapéuticas, necesarios para alcanzar los objetivos de reducción de las listas de espera y los recursos necesarios para su consecución.

c) Establecer y coordinar los flujos de pacientes con el fin de garantizar el cumplimiento del objetivo de reducción de las listas de espera.

d) Todas son correctas.

6. El órgano encargado del seguimiento y evaluación de las medidas adoptadas para la reducción de las listas de espera es:

a) El Comité Técnico Regional.

b) El Comité Técnico Regional Quirúrgico.

c) La Dirección del Servicio Canario de la Salud.

d) El Comité Técnico Hospitalario.

7. La composición y funciones de los Comités Técnicos Hospitalarios se establecerán:

a) Por Ley.

b) Por Decreto.

c) Por Orden departamental de la Consejería competente en materia de sanidad.

d) Por Resolución.

8. En cada centro de la Red Hospitalaria de Utilización Pública, y para potenciar la participación de los profesionales vinculados con el objetivo de reducción de las listas de espera, se constituirán los siguientes Comités Técnicos (señale la respuesta incorrecta):

a) Comité Técnico Quirúrgico.

b) Comité Técnico de Consultas Especializadas y Pruebas Diagnósticas/Terapéuticas.

c) Comité Técnico de Consultas en Salud Mental.

d) Todas son correctas.

9. ¿Quién fija los tiempos máximos de permanencia en las listas de espera quirúrgica y de consulta especializada y de pruebas diagnósticas/terapéuticas?

a) El Comité Técnico correspondiente.
b) El titular de la Consejería competente en materia de sanidad.
c) La Dirección del Servicio Canario de la Salud.
d) El Comité Técnico Hospitalario.

10. El inicio del cómputo del tiempo máximo de permanencia en lista de espera para intervenciones quirúrgicas se efectuará:

a) A partir del día siguiente al de la prescripción por el facultativo.
b) Desde el mismo día de la prescripción del facultativo.
c) Desde el momento que decida el facultativo que no podrá demorarse más de cinco días.
d) Ninguna es correcta.

11. El tiempo máximo de permanencia en lista de espera se interrumpirá:

a) En todo caso.
b) En caso de causas debidamente justificadas alegadas por el paciente, como asuntos particulares.
c) En caso de conflicto colectivo.
d) En ningún caso.

12. ¿Quién puede recibir información personalizada sobre la intervención quirúrgica?

a) Únicamente el paciente.
b) El paciente o su representante legal.
c) El paciente, su representante legal o persona debidamente autorizada.
d) Ninguna es correcta.

13. Indique la opción correcta, respecto de los ficheros de datos de pacientes en listas de espera:

a) Los ficheros estarán adscritos a la Dirección General competente en materia de programas asistenciales del Servicio Canario de la Salud, a través de la unidad de gestión de listas de espera.
b) Los datos relativos a los ficheros, su ámbito de aplicación y su gestión vendrán regulados por Ley.
c) Se crea un fichero de datos de carácter personal de pacientes en listas de espera para ser atendidos en primera consulta.
d) Todas son correctas.

14. La Consejería competente en materia de sanidad, teniendo en cuenta las previsiones reguladas en la normativa básica, proporcionará la siguiente información general sobre las listas de espera:

a) Estado de situación de las listas de espera en la Comunidad Autónoma de Canarias.
b) Tiempos mínimos de espera en cada una de las listas.
c) Tiempos máximos de espera en cada una de las listas.
d) Son correctas a) y c).

15. Transcurrido el tiempo máximo de programación sin que el centro o servicio sanitario hubiera fijado la fecha de la cita correspondiente:

a) Se anula la cita.
b) Se podrá derivar al paciente a otro centro o servicio de la Red Hospitalaria de Utilización Pública del Servicio Canario de la Salud o, en su caso, a un centro o servicio concertado.
c) Se deberá atender en un plazo máximo de 7 días.
d) Ninguna es correcta.

En MADTEST tienes **más preguntas de este tema**, y todos tus avances quedan registrados y se reflejan en el ranking.

¡Supera tus límites con MADTEST!

Solución al test n.º 22

1. d) Decreto.

2. d) La reducción de las listas de espera.

3. b) A todos los centros y servicios de la Red Hospitalaria de Utilización Pública del Servicio Canario de la Salud y a los centros y servicios concertados.

4. a) Pacientes con indicación quirúrgica urgente de un procedimiento diagnóstico/ terapéutico, establecido por el correspondiente facultativo especialista quirúrgico de la red pública.

5. d) Todas son correctas.

6. c) La Dirección del Servicio Canario de la Salud.

7. c) Por Orden departamental de la Consejería competente en materia de sanidad.

8. c) Comité Técnico de Consultas en Salud Mental.

9. b) El titular de la Consejería competente en materia de sanidad.

10. a) A partir del día siguiente al de la prescripción por el facultativo.

11. c) En caso de conflicto colectivo.

12. c) El paciente, su representante legal o persona debidamente autorizada.

13. a) Los ficheros estarán adscritos a la Dirección General competente en materia de programas asistenciales del Servicio Canario de la Salud, a través de la unidad de gestión de listas de espera.

14. d) Son correctas a) y c).

15. b) Se podrá derivar al paciente a otro centro o servicio de la Red Hospitalaria de Utilización Pública del Servicio Canario de la Salud o, en su caso, a un centro o servicio concertado.

El Sistema español de Seguridad Social. Régimen general y Regímenes especiales

1. ¿En qué norma se regula el Régimen General de la Seguridad Social?

a) En el Real Decreto Legislativo 8/2015, de 30 de octubre.
b) En la Ley Orgánica 3/2007, de 22 de marzo.
c) En la Ley 31/1995, de Prevención de Riesgos Laborales.
d) En el Real Decreto 1111/2011, de 29 de julio.

2. Según el artículo 136 del TRLGSS, ¿quiénes están obligatoriamente incluidos en el Régimen General?

a) Los trabajadores por cuenta ajena o asimilados.
b) Los trabajadores autónomos.
c) Los empresarios agrícolas.
d) Los funcionarios públicos.

3. ¿Qué condición se exige para que los consejeros y administradores de sociedades capitalistas se asimilen a trabajadores por cuenta ajena?

a) Que tengan el control de la sociedad.
b) Que realicen funciones de dirección y gerencia y sean retribuidos por ello.
c) Que sean socios minoritarios.
d) Que trabajen sin remuneración.

4. ¿Quiénes quedan excluidos de la protección por desempleo y del FOGASA según el TRLGSS?

a) Los socios trabajadores de sociedades laborales con menos de 25 socios.
b) Los consejeros retribuidos con funciones de dirección y gerencia.
c) Los empleados de hogar.
d) Los trabajadores del mar.

5. ¿Qué ocurre si se reúnen los requisitos para la inclusión en el Régimen General?

a) Es opcional la inclusión.
b) Solo el empresario puede decidir.
c) Es obligatoria, sin posibilidad de elección.
d) Se requiere autorización administrativa previa.

6. Según el artículo 137 del TRLGSS, ¿qué trabajos no dan lugar a inclusión en el Régimen General?

a) Los servicios benévolos o de buena vecindad.
b) Los realizados en empresas privadas.
c) Los del personal estatutario de salud.
d) Los realizados por cuenta ajena.

7. ¿Qué son los "sistemas especiales" del Régimen General?

a) Subdivisiones dentro del Régimen General establecidas para regular materias específicas.
b) Modalidades de empleo temporal.
c) Convenios colectivos sectoriales.
d) Acuerdos sindicales de cotización.

8. ¿En qué materias pueden establecerse sistemas especiales?

a) En encuadramiento, afiliación, cotización o recaudación.
b) En sanciones disciplinarias.
c) En vacaciones y permisos.
d) En formación profesional.

9. ¿Qué característica tenía el sistema especial de servicios extraordinarios de hostelería?

a) Se aplicaba en todas las provincias.
b) Solo se creó para Madrid y Barcelona.
c) Afectaba a los trabajadores de hoteles rurales.
d) Era obligatorio para toda España.

10. ¿Qué trabajadores se incluyen en el sistema especial de la industria resinera?

a) Los empleados administrativos del sector.
b) Los resineros y remasadores.
c) Los transportistas forestales.
d) Los vigilantes de montes.

11. ¿Desde qué año los empleados de hogar se integran en el Régimen General mediante un sistema especial?

a) Desde 2005.
b) Desde 2012.
c) Desde 1999.
d) Desde 2010.

12. ¿Qué parientes están excluidos del sistema especial de empleados de hogar?

a) Los de tercer grado.
b) Los de segundo grado por consanguinidad o afinidad.
c) Los de primer grado.
d) Solo los hermanos.

13. ¿Qué grupos están encuadrados en los regímenes especiales de la Seguridad Social?

a) Trabajadores autónomos, del mar, funcionarios y estudiantes.
b) Trabajadores temporales, fijos y discontinuos.
c) Empresarios, sindicalistas y cooperativistas.
d) Funcionarios locales, estatales y europeos.

14. ¿Quién puede proponer la integración de un régimen especial en el Régimen General?

a) El Congreso de los Diputados.
b) El Ministerio de Trabajo, Migraciones y Seguridad Social.
c) Las Comunidades Autónomas.
d) El Consejo Económico y Social.

15. ¿Qué régimen agrupa a los trabajadores autónomos o por cuenta propia?

a) El RETA.
b) El Régimen General.
c) El Régimen Minero.
d) El Régimen de Clases Pasivas.

En MADTEST tienes **más preguntas de este tema,** y todos tus avances quedan registrados y se reflejan en el ranking.

¡Supera tus límites con MADTEST!

Solución al test n.º 23

1. a) En el Real Decreto Legislativo 8/2015, de 30 de octubre.

2. a) Los trabajadores por cuenta ajena o asimilados.

3. b) Que realicen funciones de dirección y gerencia y sean retribuidos por ello.

4. b) Los consejeros retribuidos con funciones de dirección y gerencia.

5. c) Es obligatoria, sin posibilidad de elección.

6. a) Los servicios benévolos o de buena vecindad.

7. a) Subdivisiones dentro del Régimen General establecidas para regular materias específicas.

8. a) En encuadramiento, afiliación, cotización o recaudación.

9. b) Solo se creó para Madrid y Barcelona.

10. b) Los resineros y remasadores.

11. b) Desde 2012.

12. b) Los de segundo grado por consanguinidad o afinidad.

13. a) Trabajadores autónomos, del mar, funcionarios y estudiantes.

14. b) El Ministerio de Trabajo, Migraciones y Seguridad Social.

15. a) El RETA.

TEST N.º 24

Afiliación. Altas y bajas: procedimientos y efectos. Cotización. Acción protectora del sistema de la Seguridad Social. Prestaciones: incapacidad temporal, maternidad, paternidad, riesgo durante el embarazo y la lactancia, invalidez, jubilación, muerte y supervivencia. La protección por desempleo

1. La afiliación a la Seguridad Social podrá realizarse:

a) Únicamente a instancia de los empresarios.
b) Siempre de oficio por la Tesorería General de la Seguridad Social.
c) Únicamente a petición de los trabajadores.
d) A instancia de los empresarios, de oficio por la Tesorería General de la Seguridad Social o a petición de los trabajadores

2. Los trabajadores por cuenta ajena o asimilados, cuyo empresario no cumpla sus obligaciones respecto de la afiliación:

a) Deberán presentar demanda en el Juzgado de lo Social contra el empresario, para que el Juez resuelva la obligatoriedad del empresario de proceder a la afiliación del trabajador en la Seguridad Social.
b) Pueden solicitar directamente su afiliación, en cualquier momento posterior a la constatación del incumplimiento empresarial.
c) Tendrán un plazo de un mes para instar a la Inspección de Trabajo y Seguridad Social la comprobación de falta de afiliación y, una vez verificada esta, proceder a solicitar la afiliación en la Dirección Provincial de la Tesorería General de la Seguridad Social.
d) Podrán hacer suyos los frutos del trabajo hasta compensar económicamente el perjuicio ocasionado por el empresario.

3. Las solicitudes de afiliación deberán solicitarse por los sujetos obligados a ello:

a) Con seis días de antelación al inicio de la prestación de servicios del trabajador.
b) Con anterioridad a la iniciación de la prestación de servicios del trabajador.
c) El mismo día del inicio de la prestación de servicios del trabajador.
d) En los seis días siguientes a partir del inicio de la prestación de servicios del trabajador.

4. Las solicitudes de afiliación deberán formularse por los sujetos obligados:

a) Con anterioridad a la iniciación de la prestación de servicios del trabajador por cuenta ajena o de la actividad del trabajador por cuenta propia.

b) En el plazo de cinco días a partir del inicio de la prestación de servicios del trabajador por cuenta ajena o de la actividad del trabajador por cuenta propia.

c) En el plazo de seis días a partir del inicio de la prestación de servicios del trabajador por cuenta ajena o de la actividad del trabajador por cuenta propia.

d) Cuando lo estimen conveniente, ya que la normativa legal no prevé ningún plazo específico para ello.

5. El acto administrativo por el cual la Tesorería General de la Seguridad Social reconoce la condición de persona física incluida en el Sistema de Seguridad Social se denomina:

a) Afiliación.

b) Alta.

c) Inscripción.

d) Cotización.

6. Una de las siguientes características no es propia de la afiliación:

a) Es obligatoria para todas las personas comprendidas en el campo de aplicación del Sistema de la Seguridad Social, a efectos de los derechos y obligaciones en su modalidad contributiva.

b) Es única y general para todos los regímenes que componen el Sistema aunque las personas afiliadas pueden cambiar de Régimen en función de la actividad que desarrollen en cada momento.

c) Es temporal, dado que no se mantiene durante toda la vida de las personas.

d) Es exclusiva, ya que por la misma actividad nadie puede ser obligado a estar incluido en otro Régimen obligatorio de previsión.

7. Entre las formas de acceder a la afiliación no se encuentra:

a) A instancia del empresario.

b) A instancia del trabajador.

c) De oficio por la Tesorería General de la Seguridad Social.

d) De oficio por la Inspección de Trabajo y Seguridad Social.

8. Sobre la comunicación a la Seguridad Social de las variaciones que experimenten los datos facilitados al practicarse la afiliación, no es correcto afirmar que:

a) Serán comunicados siempre por el empresario.

b) Deben ser comunicados dentro de los seis días naturales siguientes a aquel en que la variación se produzca.

c) Deben ser comunicados mediante los modelos oficiales.

d) Deben ser comunicados por el sistema establecido al efecto.

9. Estarán sujetos a la obligación de cotizar al Régimen General:

a) Los empresarios, exclusivamente.
b) Los trabajadores, exclusivamente.
c) Los trabajadores y empresarios.
d) Ni trabajadores ni empresarios; solamente las Mutuas colaboradoras de la Seguridad Social.

10. En virtud de lo establecido por el artículo 142 del Texto Refundido LGSS, son sujetos responsables del cumplimiento de la obligación de cotización:

a) Los empresarios, exclusivamente.
b) Los trabajadores, exclusivamente.
c) Los trabajadores y empresarios.
d) Únicamente las Mutualidades de Accidentes de Trabajo y Enfermedades Profesionales de la Seguridad Social.

11. Según lo contemplado por el artículo 144 del Texto Refundido LGSS, la obligación de cotizar nacerá:

a) Al día siguiente a haber concluido el período de prueba pactado en el contrato. De no haberse pactado período de prueba, el día de inicio de la relación laboral.
b) Con el inicio de la prestación del trabajo, incluido el período de prueba. La mera solicitud de la afiliación o alta del trabajador al organismo competente de la Administración de la Seguridad Social surtirá en todo caso idéntico efecto.
c) Con el mismo comienzo de la prestación del trabajo, incluido el período de prueba. La mera solicitud de la afiliación o alta del trabajador al organismo competente de la Administración de la Seguridad Social no surtirá efecto para el inicio de la obligación de cotizar.
d) En la fecha que libremente elija el empresario.

12. La cuantía de la cotización vendrá determinada:

a) Por la cuantía a tanto alzado que, para cada categoría profesional, se prevea anualmente por la Ley de Presupuestos Generales del Estado.
b) Por las cuantías que la Tesorería General de la Seguridad Social determine en cada momento.
c) Por el importe resultante de aplicar "el tipo" o porcentaje que cada año se establece para cada contingencia protegida (contingencias comunes, accidentes de trabajo y enfermedades profesionales, cotización adicional por horas extraordinarias, desempleo, Fondo de Garantía Salarial y formación profesional) a la "base de cotización" correspondiente a cada trabajador determinándose de esta forma "la cuota" a ingresar.
d) Por la retribución líquida que mensualmente perciba el trabajador.

13. El tipo por contingencias comunes para el año 2025 será:

a) El 28,3 por 100, del que el 23,6 por 100 es a cargo de la empresa y el 4,7 por 100 a cargo del trabajador.
b) El 27,5 por 100, del que el 24,2 por 100 es a cargo de la empresa y el 3,3 por 100 a cargo del trabajador.

c) El 27,5 por 100, del que el 24,7 por 100 es a cargo de la empresa y el 2,8 por 100 a cargo del trabajador.

d) Ninguno de los anteriores es correcto.

14. La base de cotización, para todas las contingencias y situaciones comprendidas en la acción protectora del Régimen General de la Seguridad Social, vendrá determinada por:

a) La remuneración que tenga derecho a percibir el trabajador según lo previsto por el convenio colectivo aplicable.

b) La remuneración que tenga derecho a percibir el trabajador según lo pactado en el contrato de trabajo.

c) Las dos respuestas anteriores son correctas.

d) La remuneración total, cualquiera que sea su forma o denominación, que mensualmente tenga derecho a percibir el trabajador o asimilado o la que efectivamente perciba, de ser esta superior, por razón del trabajo que realice por cuenta ajena.

15. Para determinar la base de cotización correspondiente a cada mes por las contingencias comunes:

a) Se computará la remuneración devengada en el mes precedente a aquel al que la cotización se refiera.

b) Se computará la remuneración devengada en el mes a que se refiere la cotización.

c) El empresario tomará como referencia cualquiera de las remuneraciones correspondientes a los seis meses anteriores.

d) El empresario tomará como referencia cualquiera de las remuneraciones correspondientes a los doce meses anteriores.

En MADTEST tienes **más preguntas de este tema**, y todos tus avances quedan registrados y se reflejan en el ranking.

¡Supera tus límites con MADTEST!

Solución al test n.º 24

1. d) A instancia de los empresarios, de oficio por la Tesorería General de la Seguridad Social o a petición de los trabajadores

2. b) Pueden solicitar directamente su afiliación, en cualquier momento posterior a la constatación del incumplimiento empresarial.

3. b) Con anterioridad a la iniciación de la prestación de servicios del trabajador.

4. a) Con anterioridad a la iniciación de la prestación de servicios del trabajador por cuenta ajena o de la actividad del trabajador por cuenta propia.

5. a) Afiliación.

6. c) Es temporal, dado que no se mantiene durante toda la vida de las personas.

7. d) De oficio por la Inspección de Trabajo y Seguridad Social.

8. a) Serán comunicados siempre por el empresario.

9. c) Los trabajadores y empresarios.

10. a) Los empresarios, exclusivamente.

11. b) Con el inicio de la prestación del trabajo, incluido el período de prueba. La mera solicitud de la afiliación o alta del trabajador al organismo competente de la Administración de la Seguridad Social surtirá en todo caso idéntico efecto.

12. c) Por el importe resultante de aplicar "el tipo" o porcentaje que cada año se establece para cada contingencia protegida (contingencias comunes, accidentes de trabajo y enfermedades profesionales, cotización adicional por horas extraordinarias, desempleo, Fondo de Garantía Salarial y formación profesional) a la "base de cotización" correspondiente a cada trabajador determinándose de esta forma "la cuota" a ingresar.

13. a) El 28,3 por 100, del que el 23,6 por 100 es a cargo de la empresa y el 4,7 por 100 a cargo del trabajador.

14. d) La remuneración total, cualquiera que sea su forma o denominación, que mensualmente tenga derecho a percibir el trabajador o asimilado o la que efectivamente perciba, de ser esta superior, por razón del trabajo que realice por cuenta ajena.

15. b) Se computará la remuneración devengada en el mes a que se refiere la cotización.

TEST N.º 25

**El presupuesto: concepto. Los principios presupuestarios.
El ciclo presupuestario. El procedimiento administrativo de
ejecución del presupuesto de gasto. Documentos contables de la
ordenación del gasto y del pago**

1. Los créditos presupuestarios para gastos están sujetos a una limitación:

a) Cuantitativa.
b) Cualitativa.
c) Temporal.
d) Todas las respuestas anteriores son correctas.

2. La definición legal de presupuesto:

a) Viene dada por los artículos 35 y 36 de la Ley 11/06, de 11 de diciembre, por la que se aprueba la Ley de Hacienda Pública Canaria.
b) Según el Artículo 36 de la citada Ley "Los Presupuestos Generales de la Comunidad Autónoma de Canarias constituyen la expresión cifrada, conjunta y sistemática de los derechos y obligaciones a liquidar durante el ejercicio por cada uno de los órganos y entidades que forman parte del sector privado".
c) Ninguna de las anteriores es correcta.
d) Las respuestas a y b son correctas.

3. En cuanto a los principios políticos:

a) Existe un principio básico, denominado "competencia" teniendo su aparición en 1826 en Inglaterra, en la llamada "Petición de Derechos".
b) Como consecuencia del anterior principio de competencia surge el de "unidad", denominado también "integridad" del presupuesto.
c) El principio de anualidad implica que el presupuesto ha de aprobarse para una vigencia temporal de un año.
d) Por último la "publicidad" del presupuesto exige que las diferentes fases del ciclo presupuestario sean públicas, recogiéndose el presupuesto en un documento cifrado que se publica en el Boletín Oficial del Estado.

4. Son Principios Contables:

a) Principio de presupuesto bruto.
b) Principio de unidad de caja.
c) Principio de especificación.
d) Todas son correctas.

5. La Ley que estableció por primera vez en nuestro país una serie de reglas que tenían por objeto el establecimiento de los principios rectores a los que debía adecuarse la política presupuestaria del sector público es la:

a) Ley 18/2001, General de Estabilidad Presupuestaria, modificada por la Ley 2/2005, de 28 de diciembre, de Presupuestos Generales del Estado para 2006, y por la Ley 15/2007, de 26 de mayo, de reforma de esta Ley.
b) Ley 18/2003, General de Estabilidad Presupuestaria, modificada por la Ley 2/2004, de 28 de diciembre, de Presupuestos Generales del Estado para 2005, y por la Ley 15/2006, de 26 de mayo, de reforma de esta Ley.
c) Ley 18/2001, General de Estabilidad Presupuestaria, modificada por la Ley 2/2004, de 28 de diciembre, de Presupuestos Generales del Estado para 2005, y por la Ley 15/2006, de 26 de mayo, de reforma de esta Ley.
d) Ley 18/2002, General de Estabilidad Presupuestaria, modificada por la Ley 2/2003, de 28 de diciembre, de Presupuestos Generales del Estado para 2004, y por la Ley 15/2005, de 26 de mayo, de reforma de esta Ley.

6. El ámbito de aplicación subjetiva de la Ley de Estabilidad Presupuestaria alcanza:

a) Las entidades que integran el sistema de la Seguridad Social.
b) Las corporaciones locales.
c) Las entidades públicas empresariales, sociedades mercantiles y demás entes de derecho público dependientes de las Administraciones públicas.
d) Todas son correctas.

7. El artículo 35 de la Ley 11/2006 define a los Presupuestos Generales de la Comunidad Autónoma de Canarias como:

a) La expresión cifrada, conjunta y sistemática de los derechos a liquidar durante el ejercicio por cada uno de los órganos y entidades que forman parte del sector público.
b) La expresión cifrada y sistemática de los derechos y obligaciones a liquidar durante el ejercicio por cada uno de los órganos y entidades que forman parte del sector público.
c) La expresión cifrada, conjunta y sistemática de las obligaciones a liquidar durante el ejercicio por cada uno de los órganos y entidades que forman parte del sector público.
d) La expresión cifrada, conjunta y sistemática de los derechos y obligaciones a liquidar durante el ejercicio por cada uno de los órganos y entidades que forman parte del sector público.

8. La Dirección General de Planificación y Presupuesto, elaborará la propuesta de Anexo de Personal, de los Presupuestos Generales de la Comunidad Autónoma de Canarias, mediante la aplicación informática de gestión de dicho anexo, y la pondrá a disposición de las oficinas presupuestarias y unidades asimiladas el día:

a) 31 de agosto.
b) 30 de junio.
c) 30 de julio.
d) 11 de septiembre.

9. El presupuesto:

a) Es un acto de previsión.
b) Supone una idea de equilibrio entre gastos e ingresos.
c) Es una previsión normativa.
d) Todas las respuestas anteriores son correctas.

10. El principio de universalidad está enunciado en la Constitución Española en su artículo:

a) 124.2.
b) 31.1.
c) 33.2.
d) 134.2.

11. El principio de unidad de caja significa que es:

a) Político.
b) Contable.
c) Económico.
d) Jurídico.

12. La estabilidad presupuestaria se rige actualmente por:

a) La LO 2/2012.
b) La LO 18/2001.
c) La Ley 2/2005.
d) La Ley 5/2006.

13. De acuerdo con el principio de transparencia:

a) Los Presupuestos de los sujetos comprendidos en el ámbito de aplicación de esta Ley y sus liquidaciones deberán contener información suficiente y adecuada para permitir la verificación de la adecuación al principio de estabilidad presupuestaria.

b) La elaboración de los presupuestos en el sector público se enmarcará en un escenario plurianual compatible con el principio de anualidad por el que se rige la aprobación y ejecución presupuestaria.

c) Se tendrá en cuenta la situación económica y el cumplimiento del objetivo de estabilidad presupuestaria, y se ejecutarán mediante una gestión de los recursos públicos orientada por la eficacia, la eficiencia y la calidad.

d) Todas las respuestas anteriores son correctas.

14. El proyecto de Ley de Presupuestos Generales de la Comunidad Autónoma de Canarias, integrado por el articulado con sus anexos y los estados de ingresos y de gastos, con el nivel de especificación de créditos establecido en el artículo 42 de la Ley 11/2006, de 11 de diciembre, será remitido al Parlamento de Canarias antes del día:

a) 30 de noviembre del año anterior al que se refiera.

b) 30 de septiembre del año anterior al que se refiera.

c) 1 de noviembre del año anterior al que se refiera.

d) 1 de octubre del año anterior al que se refiera.

15. Al proyecto de Ley de Presupuestos Generales de la Comunidad Autónoma de Canarias se acompañará:

a) Un anexo de personal.

b) La liquidación de los presupuestos del año anterior y un avance de la liquidación del ejercicio corriente.

c) Un informe económico y financiero.

d) Todas las respuestas anteriores son correctas.

En MADTEST tienes **más preguntas de este tema**, y todos tus avances quedan registrados y se reflejan en el ranking.

¡Supera tus límites con MADTEST!

Solución al test n.º 25

1. d) Todas las respuestas anteriores son correctas.

2. a) Viene dada por los artículos 35 y 36 de la Ley 11/06, de 11 de diciembre, por la que se aprueba la Ley de Hacienda Pública Canaria.

3. d) Por último la "publicidad" del presupuesto exige que las diferentes fases del ciclo presupuestario sean públicas, recogiéndose el presupuesto en un documento cifrado que se publica en el Boletín Oficial del Estado.

4. d) Todas son correctas.

5. c) Ley 18/2001, General de Estabilidad Presupuestaria, modificada por la Ley 2/2004, de 28 de diciembre, de Presupuestos Generales del Estado para 2005, y por la Ley 15/2006, de 26 de mayo, de reforma de esta Ley.

6. d) Todas son correctas.

7. d) La expresión cifrada, conjunta y sistemática de los derechos y obligaciones a liquidar durante el ejercicio por cada uno de los órganos y entidades que forman parte del sector público.

8. d) 11 de septiembre.

9. d) Todas las respuestas anteriores son correctas.

10. d) 134.2.

11. c) Económico.

12. a) La LO 2/2012.

13. a) Los Presupuestos de los sujetos comprendidos en el ámbito de aplicación de esta Ley y sus liquidaciones deberán contener información suficiente y adecuada para permitir la verificación de la adecuación al principio de estabilidad presupuestaria.

14. c) 1 de noviembre del año anterior al que se refiera.

15. d) Todas las respuestas anteriores son correctas.

TEST N.º 26

Los presupuestos de la Comunidad Autónoma de Canarias: concepto y estructura. Especial referencia al presupuesto del Servicio Canario de la Salud

1. ¿Cuál de estas afirmaciones es correcta?

a) El Presupuesto aparece como una relación debidamente clasificada del conjunto de los gastos que han de atenderse en un periodo de tiempo, y de los ingresos que se prevén para cubrirlos.

b) La Hacienda Pública denomina Presupuesto al plan económico del grupo político.

c) El Presupuesto es así la expresión contable del plan económico de la Hacienda Pública para un periodo de tiempo determinado.

d) Todas son correctas.

2. Principios que el presupuesto debe cumplir inexcusablemente:

a) Se trata de un acto de previsión. Es una estimación de lo que han de ser los gastos y los ingresos precisos para cubrirlos durante un periodo de tiempo determinado.

b) También supone la idea de regularidad en su confección. Se precisa una elaboración recurrente y periódica.

c) Adopta una forma determinada. Se expresa en un lenguaje contable a través de las partidas de ingresos y gastos.

d) Todas son correctas.

3. La definición legal de presupuesto:

a) Viene dada por los artículos 35 y 36 de la Ley 11/06, de 11 de diciembre, por la que se aprueba la Ley de Hacienda Pública Canaria.

b) Según el Artículo 36 de la citada Ley, "Los Presupuestos Generales de la Comunidad Autónoma de Canarias constituyen la expresión cifrada, conjunta y sistemática de los derechos y obligaciones a liquidar durante el ejercicio por cada uno de los órganos y entidades que forman parte del sector privado".

c) Ninguna de las anteriores es correcta.

d) La respuesta a y b son correctas.

4. El contenido del Presupuesto del Servicio Canario de la Salud se ajustará:

a) A lo dispuesto en la Ley de la Hacienda Pública de la Comunidad Autónoma de Canarias, coincidiendo el ejercicio presupuestario con el año natural e imputándose a él los derechos liquidados durante el mismo, aunque procedan de ejercicios anteriores y las obligaciones reconocidas hasta el 31 de diciembre del ejercicio respectivo, correspondientes a gastos realizados antes de la expiración del ejercicio presupuestario y con cargo a los créditos respectivos.

b) A lo dispuesto en la Ley de la Hacienda Pública de la Comunidad Autónoma de Canarias, coincidiendo el ejercicio presupuestario con el año natural e imputándose a él las obligaciones liquidadas durante el mismo, aunque procedan de ejercicios anteriores y los derechos reconocidas hasta el 31 de diciembre del ejercicio respectivo, correspondientes a gastos realizados antes de la expiración del ejercicio presupuestario y con cargo a los créditos respectivos.

c) A lo dispuesto en la Ley de la Hacienda Pública de la Comunidad Autónoma de Canarias, coincidiendo el ejercicio presupuestario con el año natural e imputándose a él los derechos liquidados durante el mismo, aunque procedan de ejercicios anteriores y las obligaciones reconocidas hasta el 15 de enero del ejercicio respectivo, correspondientes a gastos realizados antes de la expiración del ejercicio presupuestario y con cargo a los créditos respectivos.

d) A lo dispuesto en la Ley de la Hacienda Pública de la Comunidad Autónoma de Canarias, coincidiendo el ejercicio presupuestario con el año natural e imputándose a él las obligaciones reconocidas durante el mismo, aunque procedan de ejercicios anteriores y los derechos liquidados hasta el 1 de diciembre del ejercicio respectivo, correspondientes a gastos realizados antes de la expiración del ejercicio presupuestario y con cargo a los créditos respectivos.

5. De acuerdo con lo dispuesto en el artículo 26 de la Ley 11/2006, con carácter previo al proceso de elaboración de los Presupuestos Generales de la Comunidad Autónoma de Canarias, el Gobierno, a propuesta del consejero competente en materia de Hacienda, aprobará los escenarios presupuestarios, elaborados por los entes del sector público con presupuesto limitativo, referidos a los tres ejercicios siguientes:

a) En el primer trimestre del año.
b) En el primer semestre del año.
c) En el primer cuatrimestre del año.
d) En el segundo cuatrimestre del año.

6. Son caracteres del presupuesto:

a) Delimita los gastos y estima los ingresos.
b) Equilibrio y anualidad.

c) Expresión contable.
d) Todas son correctas.

7. La Ley 11/2006, de 11 de diciembre, de la Hacienda Pública de la Comunidad Autónoma de Canarias dedica a la programación presupuestaria y de los Presupuestos Generales de la Comunidad Autónoma de Canarias el Título:

a) I.
b) II.
c) III.
d) IV.

8. El artículo 35 de la Ley 11/2006 define a los Presupuestos Generales de la Comunidad Autónoma de Canarias como:

a) La expresión cifrada, conjunta y sistemática de los derechos a liquidar durante el ejercicio por cada uno de los órganos y entidades que forman parte del sector público.
b) La expresión cifrada y sistemática de los derechos y obligaciones a liquidar durante el ejercicio por cada uno de los órganos y entidades que forman parte del sector público.
c) La expresión cifrada, conjunta y sistemática de las obligaciones a liquidar durante el ejercicio por cada uno de los órganos y entidades que forman parte del sector público.
d) La expresión cifrada, conjunta y sistemática de los derechos y obligaciones a liquidar durante el ejercicio por cada uno de los órganos y entidades que forman parte del sector público.

9. La estructura de los estados de gastos de los Presupuestos Generales del sector público con presupuesto limitativo se basa en las siguientes clasificaciones:

a) La clasificación orgánica.
b) La clasificación por programas.
c) La clasificación económica y territorial.
d) Todas las respuestas anteriores son correctas.

10. La clasificación orgánica:

a) Se agrupará por secciones y servicios los créditos asignados a los distintos centros gestores de gasto de los órganos con dotación diferenciada en los presupuestos, la Administración Pública de la Comunidad Autónoma de Canarias, sus organismos autónomos, y otras entidades, según proceda.
b) Se agrupará por objetivos y finalidades, pudiendo desagregarse en niveles inferiores.
c) Se agrupará por capítulos, separando las operaciones corrientes, las de capital y las financieras.
d) Se agrupará por ámbito exterior, regional o insular, los créditos asignados a los distintos centros gestores del gasto.

11. La estructura de los estados de ingresos del sector público con presupuesto limitativo seguirán:

a) La clasificación territorial.
b) La clasificación económica.
c) La clasificación por programas.
d) Todas las respuestas anteriores son correctas.

12. En cuanto al Servicio Canario de Salud, la tramitación de los expedientes de modificaciones presupuestarias y su elevación al Presidente del Consejo de Dirección se realizará, cuando sea éste el órgano competente para su aprobación:

a) Por la Dirección General de Recursos Económicos de la Consejería de Economía y Hacienda, a iniciativa de los centros de gasto interesados.
b) Por la Dirección General de Recursos Económicos del Servicio Canario de la Salud, a iniciativa de la Consejería de Salud.
c) Por la Dirección General de Recursos Económicos del Servicio Canario de la Salud, a iniciativa de los centros de gasto interesados.
d) Por la Dirección General de Presupuestos del Servicio Canario de la Salud, a iniciativa de los centros de gasto interesados.

13. En el estado de gastos se imputarán:

a) Las obligaciones reconocidas hasta el 31 de diciembre, siempre que correspondan a adquisiciones, obras, servicios, prestaciones o gastos en general realizados antes de la expiración del ejercicio presupuestario y con cargo a los respectivos créditos.
b) Las obligaciones reconocidas hasta el quince de enero siguiente, siempre que correspondan a adquisiciones, obras, servicios, prestaciones o gastos en general realizados antes de la expiración del ejercicio presupuestario y con cargo a los respectivos créditos.
c) Las obligaciones reconocidas o no hasta el quince de enero siguiente, siempre que correspondan a adquisiciones, obras, servicios, prestaciones o gastos en general realizados antes de la expiración del ejercicio presupuestario y con cargo a los respectivos créditos.
d) Las obligaciones reconocidas o no hasta el 31 de diciembre, siempre que correspondan a adquisiciones, obras, servicios, prestaciones o gastos en general realizados antes de la expiración del ejercicio presupuestario y con cargo a los respectivos créditos.

14. Las razones que justifican la elaboración del presupuesto con carácter periódico son tres, fundamentalmente:

a) El volumen y magnitud, así como la diversificación del conjunto de las actividades públicas.
b) El Presupuesto atiende a las exigencias jurídico-políticas de establecer un control estricto del Parlamento sobre el Ejecutivo.
c) El Presupuesto permite lograr objetivos como la distribución equitativa de la Renta Nacional, la plena ocupación de los recursos productivos o el desarrollo económico.
d) Todas las respuestas anteriores son correctas.

15. "El Presupuesto se define como el resumen sistemático, confeccionado en períodos regulares, de las previsiones, en principio obligatorias, de los gastos proyectados y de las estimaciones de los ingresos previstos para cubrir dichos gastos." Esta definición corresponde a:

a) Joseph Stiglitz.
b) Peter Pyrr.
c) John M. Keynes.
d) Fritz Neumark.

En MADTEST tienes **más preguntas de este tema**, y todos tus avances quedan registrados y se reflejan en el ranking.

¡Supera tus límites con MADTEST!

Solución al test n.º 26

1. d) Todas son correctas.

2. d) Todas son correctas.

3. a) Viene dada por los artículos 35 y 36 de la Ley 11/06, de 11 de diciembre, por la que se aprueba la Ley de Hacienda Pública Canaria.

4. a) A lo dispuesto en la Ley de la Hacienda Pública de la Comunidad Autónoma de Canarias, coincidiendo el ejercicio presupuestario con el año natural e imputándose a él los derechos liquidados durante el mismo, aunque procedan de ejercicios anteriores y las obligaciones reconocidas hasta el 31 de diciembre del ejercicio respectivo, correspondientes a gastos realizados antes de la expiración del ejercicio presupuestario y con cargo a los créditos respectivos.

5. c) En el primer cuatrimestre del año.

6. d) Todas son correctas.

7. b) II.

8. d) La expresión cifrada, conjunta y sistemática de los derechos y obligaciones a liquidar durante el ejercicio por cada uno de los órganos y entidades que forman parte del sector público.

9. d) Todas las respuestas anteriores son correctas.

10. a) Se agrupará por secciones y servicios los créditos asignados a los distintos centros gestores de gasto de los órganos con dotación diferenciada en los presupuestos, la Administración Pública de la Comunidad Autónoma de Canarias, sus organismos autónomos, y otras entidades, según proceda.

11. b) La clasificación económica.

12. c) Por la Dirección General de Recursos Económicos del Servicio Canario de la Salud, a iniciativa de los centros de gasto interesados.

13. b) Las obligaciones reconocidas hasta el quince de enero siguiente, siempre que correspondan a adquisiciones, obras, servicios, prestaciones o gastos en general realizados antes de la expiración del ejercicio presupuestario y con cargo a los respectivos créditos.

14. d) Todas las respuestas anteriores son correctas.

15. d) Fritz Neumark.

La nómina: confección, documentación y tramitación

1. ¿Qué norma se menciona como base para aplicar las actualizaciones retributivas en la Instrucción nº 2/25 del SCS?

a) Real Decreto-Ley 1/2025.
b) Orden del Ministerio de Sanidad.
c) Ley de Presupuestos Generales de la Comunidad Autónoma de Canarias.
d) Resolución del Ministerio de Hacienda y Función Pública.

2. ¿Qué límite establece la Instrucción nº 2/25 respecto al número máximo de días que pueden computarse en concepto de atención continuada mensual?

a) 8 días.
b) 10 días.
c) 12 días.
d) No se establece límite alguno.

3. ¿Cómo deben abonarse los trienios al personal con contratos de corta duración, según la Instrucción nº 2/25?

a) Solo se abonan al cumplir tres años de servicio continuado.
b) Se computan y abonan en proporción al tiempo efectivamente trabajado.
c) Se acumulan en una única nómina al final del año.
d) Se pagan junto con la paga extra de junio o diciembre.

4. ¿Qué identifica el "número de línea de nómina"?

a) La secuencia de tramitación electrónica.
b) Una agrupación contable dentro del fichero mensual.
c) La prioridad del pago.
d) El departamento generador.

5. ¿Qué tipo de concepto es "sueldo base"?

a) Percepción no periódica.
b) Deducción legal.
c) Retribución básica.
d) Complemento por servicios especiales.

6. ¿Qué retribución se abona únicamente dos veces al año?

a) Complemento específico.
b) Paga extraordinaria.
c) Antigüedad.
d) Productividad fija.

7. ¿Qué dato debe constar obligatoriamente en el campo "Grupo"?

a) El nivel de IRPF.
b) El grupo de cotización.
c) El nivel del complemento de destino.
d) El subgrupo de titulación.

8. ¿Qué indica la clave de percepción en la nómina?

a) La modalidad de contrato.
b) El tipo de retribución según el SCS.
c) El nivel económico del trabajador.
d) La tipología de tramitación.

9. ¿Qué limitación establece la Instrucción nº 2/25 respecto a las retribuciones por jornada complementaria?

a) No puede superar el 25% del sueldo base mensual.
b) No puede superar el número máximo de horas fijadas por normativa vigente.
c) Solo puede realizarse en servicios de urgencias.
d) Se debe justificar con informe de la Dirección Médica.

10. ¿Qué especifica el campo "Tipo de nómina"?

a) El centro responsable.
b) La modalidad de cotización.
c) La clasificación (ordinaria, extraordinaria, atrasos, etc.).
d) El régimen retributivo.

11. ¿Qué significa el código de concepto "110" en la nómina del SCS?

a) Antigüedad.
b) Trienio.
c) Sueldo base.
d) Complemento específico.

12. ¿Qué percepción se encuentra en el grupo de "percepciones extrasalariales"?

a) Paga extraordinaria.
b) Complemento específico.
c) Sueldo base.
d) Indemnización por residencia.

13. ¿Qué disposición transitoria incluye la Instrucción nº 2/25 para el personal en comisión de servicios?

a) Se congela su sueldo base hasta resolución definitiva.
b) No podrán percibir complementos variables.
c) Mantendrán las retribuciones del puesto de origen si son superiores.
d) Pasan automáticamente al régimen general retributivo.

14. ¿Qué criterio se aplica para el devengo del complemento de carrera profesional en personal temporal, según la Instrucción nº 2/25?

a) Requiere 10 años de servicios continuados.
b) Solo se reconoce si han prestado servicios en otras comunidades.
c) Se abona exclusivamente a personal fijo.
d) Es aplicable si se han consolidado niveles por resolución previa.

15. ¿Cómo se actualizan los importes del complemento específico en 2025, según la Instrucción nº 2/25?

a) No se actualizan en 2025.
b) Se revisan en función del IPC real del año anterior.
c) Se incrementan conforme al porcentaje fijado en la Ley de Presupuestos.
d) Se ajustan mediante negociación colectiva trimestral.

En MADTEST tienes **más preguntas de este tema**, y todos tus avances quedan registrados y se reflejan en el ranking.

¡Supera tus límites con MADTEST!

Solución al test n.º 27

1. c) Ley de Presupuestos Generales de la Comunidad Autónoma de Canarias.

2. c) 12 días.

3. b) Se computan y abonan en proporción al tiempo efectivamente trabajado.

4. b) Una agrupación contable dentro del fichero mensual.

5. c) Retribución básica.

6. b) Paga extraordinaria.

7. b) El grupo de cotización.

8. b) El tipo de retribución según el SCS.

9. b) No puede superar el número máximo de horas fijadas por normativa vigente.

10. c) La clasificación (ordinaria, extraordinaria, atrasos, etc.).

11. c) Sueldo base.

12. d) Indemnización por residencia.

13. c) Mantendrán las retribuciones del puesto de origen si son superiores.

14. d) Es aplicable si se han consolidado niveles por resolución previa.

15. c) Se incrementan conforme al porcentaje fijado en la Ley de Presupuestos.

TEST N.º 28

Clasificación y archivo de documentos. Ideas generales sobre el sistema de clasificación. Documentación de uso de las instituciones sanitarias: administrativa y clínica. La Historia Clínica. Archivo de documentos: naturaleza y clases de archivos. Funcionamiento de los archivos. Entrada en archivo, salida

1. Según el artículo 49.1 de la Ley 16/1985, de 25 de junio, del Patrimonio Histórico Español, se entiende por documento toda expresión en lenguaje natural o convencional y cualquier otra expresión gráfica, sonora o en imagen, recogidas en cualquier tipo de soporte material, incluso los soportes informáticos. Se excluyen:

a) Los obtenidos por medios audiovisuales.
b) Las expresiones iconográficas.
c) Los que no incorporen una referencia temporal del momento en que han sido emitidos.
d) Los ejemplares no originales de ediciones.

2. NO es una característica esencial del documento de archivo:

a) Seriación.
b) Uniformidad.
c) Objetividad.
d) Unicidad.

3. Es un componente interno del documento de archivo:

a) El autor.
b) La clase.
c) El formato.
d) El soporte.

4. Es un componente externo del documento de archivo:

a) La forma.
b) El contenido.
c) El origen funcional.
d) La fecha.

5. Los archivos de gestión contienen documentos de edad:

a) Histórica.
b) Intermedia.
c) Administrativa.
d) Secundaria.

6. ¿En qué edad del archivo de oficina predomina claramente el valor secundario?

a) Edad histórica.
b) Edad prearchivística.
c) Edad intermedia.
d) Edad administrativa.

7. Por su origen, diríamos que de los siguientes es un documento primario:

a) Thesaurus.
b) Manuscrito.
c) Catálogo colectivo.
d) Revista de sumarios.

8. Se entiende por documentos públicos administrativos los .... emitidos por los órganos de las Administraciones Públicas. Señala la palabra que completa correctamente la frase:

a) Válidamente.
b) Regularmente.
c) Legalmente.
d) Explícitamente.

9. Para ser considerados válidos, los documentos electrónicos deberán, entre otros requisitos, contener información de cualquier naturaleza archivada en un soporte electrónico según un formato determinado susceptible de identificación y:

a) Clasificación.
b) Catalogación.
c) Temporización.
d) Tratamiento diferenciado.

10. Los documentos electrónicos que se publiquen con carácter meramente informativo:

a) Requieren de firma electrónica, aunque no precisan identificar su origen.
b) Requieren de firma electrónica y de identificación de su origen.
c) No requieren de firma electrónica, aunque sí precisan identificar su origen.
d) No requieren de firma electrónica ni tampoco de identificar su origen.

11. La Administración General del Estado, las Comunidades Autónomas y las Entidades Locales podrán realizar copias auténticas:

a) Solo mediante funcionario habilitado.
b) Únicamente mediante actuación administrativa automatizada.
c) Mediante fotocopia compulsada por un funcionario de la Administración Pública.
d) Mediante funcionario habilitado o actuación administrativa automatizada.

12. En relación con las copias auténticas de documentos administrativos, es cierto que:

a) Las copias electrónicas de un documento electrónico original o de una copia electrónica auténtica deben mantener el mismo formato que el original.
b) Las copias electrónicas de documentos en soporte papel o en otro soporte no electrónico susceptible de digitalización, requerirán que el documento haya sido digitalizado y deberán incluir los metadatos que acrediten su condición de copia y que se visualicen al consultar el documento.
c) Las copias en soporte papel de documentos electrónicos deberán incluir los metadatos que acrediten su condición de copia.
d) Las copias en soporte papel de documentos originales emitidos en dicho soporte se proporcionarán siempre mediante una copia auténtica en papel del documento electrónico que se encuentre en poder de la Administración.

13. Conforme al artículo 59.1 de la Ley 16/1985, de 25 de junio, del Patrimonio Histórico Español, los archivos son conjuntos orgánicos de documentos, o la reunión de varios de ellos, reunidos por las personas jurídicas, públicas o privadas, en el ejercicio de sus actividades, al servicio de su utilización para la investigación, la cultura, la información y:

a) La docencia.
b) La gestión administrativa.
c) El estudio.
d) La gestión patrimonial.

14. Las principales funciones y actividades desarrolladas por los archivos se pueden condensar en tres palabras fundamentales. Señala la opción incorrecta:

a) Conservar.
b) Servir.
c) Describir.
d) Recibir.

15. En relación a los archivos dependientes de la Administración Pública de la Comunidad Autónoma de Canarias, es cierto que:

a) En los archivos centrales se custodiarán los documentos de archivo en tanto se encuentren en trámite o su uso sea muy frecuente.

b) En cada uno de los Departamentos del Gobierno existirá un archivo general adscrito a la Secretaría General Técnica, o, en su caso, al órgano horizontal de coordinación administrativa que determine el respectivo Reglamento Orgánico.

c) El Archivo General de la Administración Pública de la Comunidad Autónoma de Canarias realizará la doble función de archivo intermedio e histórico de la Administración autonómica.

d) Corresponde a los archivos de oficina transferir al Archivo General las series o fracciones de series documentales.

En MADTEST tienes **más preguntas de este tema**, y todos tus avances quedan registrados y se reflejan en el ranking.

¡Supera tus límites con MADTEST!

Solución al test n.º 28

1. d) Los ejemplares no originales de ediciones.

2. b) Uniformidad.

3. a) El autor.

4. a) La forma.

5. c) Administrativa.

6. a) Edad histórica.

7. b) Manuscrito.

8. a) Válidamente.

9. d) Tratamiento diferenciado.

10. c) No requieren de firma electrónica, aunque sí precisan identificar su origen.

11. d) Mediante funcionario habilitado o actuación administrativa automatizada.

12. b) Las copias electrónicas de documentos en soporte papel o en otro soporte no electrónico susceptible de digitalización, requerirán que el documento haya sido digitalizado y deberán incluir los metadatos que acrediten su condición de copia y que se visualicen al consultar el documento.

13. b) La gestión administrativa.

14. c) Describir.

15. c) El Archivo General de la Administración Pública de la Comunidad Autónoma de Canarias realizará la doble función de archivo intermedio e histórico de la Administración autonómica.

TEST N.º 29

**Ofimática: Procesador de textos. Bases de datos.
Hojas de cálculo. Correo Electrónico.
Intranet: concepto y utilidad. Internet**

1. Para moverse al inicio del documento con el teclado, ¿qué debe pulsar?

a) RePág.
b) Inicio.
c) Ctrl + Inicio.
d) Alt + Inicio.

2. Para seleccionar todo el documento, ¿qué tecla debe pulsar?

a) Ctrl + E.
b) Ctrl + C.
c) Ctrl + V.
d) Ctrl + X.

3. ¿Qué tecla debe mantener pulsada para seleccionar junto con las teclas de desplazamiento (arriba, abajo, izquierda y derecha)?

a) Ctrl.
b) Enter.
c) Alt.
d) Shift.

4. Para cortar un texto ya seleccionado, ¿qué combinación de teclas tiene que pulsar?

a) Ctrl + X.
b) Ctrl + C.
c) Ctrl + V.
d) Ctrl + E.

5. Para guardar los cambios realizados, ¿qué combinación de teclas tiene que pulsar?

a) Ctrl + C.
b) Ctrl + V.
c) Ctrl + E.
d) Ctrl + G.

6. La celda de la fila 2 y columna B, ¿cómo se referencia?

a) 2B.
b) B2.
c) Las dos opciones primeras son correctas.
d) Las dos opciones primeras son falsas.

7. ¿Cómo se referencia el rango que va de la celda A1 hasta la celda A10?

a) 1A:10A.
b) A10:A1.
c) A1:A10.
d) A1, A10.

8. ¿Cuántas columnas tiene una hoja de cálculo?

a) 3 por defecto.
b) Las que se ven en pantalla.
c) 65.635.
d) 1024.

9. Si pulsa Ctrl + Fin, ¿hacia dónde le lleva el cursor?

a) A la última fila.
b) A la última columna.
c) A la celda de la última columna y última fila que tenga datos.
d) A la celda de la última columna y última fila.

10. Por defecto, si ve un 1 en una celda, ¿cómo sabrá si se trata del número 1 o del carácter 1?

a) Si está alineado a la derecha es el número, si no, será el carácter 1.
b) Si está alineado a la izquierda es el número, si no, será el carácter 1.
c) Si está alineado en el centro es el número 1, si no, será el carácter 1.
d) Si está en cursiva es el número 1, si no, será el carácter 1.

11. En una tabla, el campo que tiene que tener siempre se denomina:

a) Llave primitiva.
b) Llave primaria.

c) Llave principal.
d) Llave óptima.

12. ¿En qué casos la llave primaria puede estar sin valor?

a) Cuando es de tipo Integer.
b) En ningún caso.
c) Cuando es de tipo fecha.
d) Cuando es de tipo Numeric.

13. En el tipo Integer, ¿hasta cuántos dígitos puede tener el dato?

a) Hasta 4.
b) Hasta 5.
c) Hasta 6.
d) Hasta 10.

14. En el tipo VARCHAR, ¿hasta cuántos caracteres se pueden escribir en el campo?

a) Hasta 256.
b) Hasta 1024.
c) Hasta 32700.
d) Hasta 2040.

15. En la tabla Libro que tiene los siguientes atributos: Autor/a, ISBN, Título, Año, ¿cuál de los atributos pondrías como llave primaria?

a) Autor/a.
b) ISBN.
c) Año.
d) Título.

En MADTEST tienes **más preguntas de este tema**, y todos tus avances quedan registrados y se reflejan en el ranking.

¡Supera tus límites con MADTEST!

Solución al test n.º 29

1. c) Ctrl + Inicio.

2. a) Ctrl + E.

3. d) Shift.

4. a) Ctrl + X.

5. d) Ctrl + G.

6. b) B2.

7. c) A1:A10.

8. d) 1024.

9. c) A la celda de la última columna y última fila que tenga datos.

10. a) Si está alineado a la derecha es el número, si no, será el carácter 1.

11. b) Llave primaria.

12. b) En ningún caso.

13. d) Hasta 10.

14. c) Hasta 32700.

15. b) ISBN.

TEST N.º 30

La Ley 39/2015, de 1 de octubre, del Procedimiento Administrativo Común de las Administraciones Públicas: derechos de los ciudadanos a relacionarse con las Administraciones Públicas por medios electrónicos. Los registros, las comunicaciones y las notificaciones electrónicas

1. Ateniéndose al artículo 3 de la LPACAP, ¿tienen capacidad de obrar los grupos de afectados?

a) No, la capacidad de obrar es individual.

b) Sí, cuando la ley así lo declare expresamente.

c) Sí, si la ley no lo deniega expresamente.

d) Sí, en cualquier caso.

2. Se consideran interesados en el procedimiento:

a) Quienes lo promuevan, aunque no tengan un interés legítimo ni sean titulares de algún derecho.

b) Aquellos cuyos intereses legítimos, individuales o colectivos, puedan resultar afectados por la resolución aunque haya recaído ya la resolución definitiva.

c) Los que, sin haber iniciado el procedimiento, tengan derechos que puedan resultar afectados por la decisión que en el mismo se adopte.

d) Cualquier persona física o jurídica que ostente capacidad de obrar con arreglo a las normas civiles.

3. Según el artículo 8 de la LPACAP, si durante la instrucción de un procedimiento se advierte la existencia de personas que sean titulares de derechos o intereses legítimos y directos cuya identificación resulte del expediente y que puedan resultar afectados por la resolución que se dicte:

a) Se comunicará a dichas personas la tramitación del procedimiento si éste no ha tenido publicidad.

b) Se suspenderá el procedimiento hasta que se les comunique el estado del procedimiento y se les dé un plazo para presentar alegaciones.

c) Se seguirá adelante con el procedimiento sin más.

d) Se les comunicará y se volverá a iniciar el procedimiento.

4. Puede actuar en representación de otras personas ante las Administraciones Públicas:

a) Cualquier persona física.
b) Cualquier persona jurídica.
c) Cualquier persona física con capacidad de obrar.
d) Cualquier persona.

5. En caso de representación de otras personas ante las Administraciones Públicas, no es necesario acreditar la representación:

a) Para actos de mero trámite.
b) Para formular solicitudes.
c) Para interponer recursos.
d) Para renunciar a derechos en nombre de otra persona.

6. El órgano administrativo podrá conceder un plazo para aportar o subsanar la falta o insuficiente acreditación de la representación teniendo por realizado el acto de que se trate. Dicho plazo, por regla general, es de:

a) 5 días.
b) 10 días.
c) 15 días.
d) 7 días

7. Los poderes que se inscriban en los registros electrónicos generales y particulares de apoderamientos tendrán una validez determinada máxima, a contar desde la fecha de inscripción, de:

a) 3 años.
b) 5 años.
c) 7 años.
d) 10 años.

8. Cuando en una solicitud, escrito o comunicación figure una pluralidad de interesados sin que se haya fijado un representante, o cuál de ellos les representa, las actuaciones a que den lugar se efectuarán:

a) Con todos ellos.
b) Con quien decida el órgano administrativo.
c) Con cualquiera de ellos aleatoriamente.
d) Con el que figure en primer término.

9. En relación con la firma electrónica del personal al servicio de las Administraciones Públicas, es cierto que:

a) En ningún caso, los sistemas de firma electrónica podrán referirse solo el número de identificación profesional del empleado público.

b) La actuación de una Administración Pública, órgano, organismo público o entidad de derecho público, cuando utilice medios electrónicos, se realizará mediante firma electrónica del titular del órgano o empleado público.

c) Cada Administración Pública determinará los sistemas de firma electrónica que debe utilizar su personal, los cuales deberán identificar de forma separada al titular del puesto de trabajo o cargo y a la Administración u órgano en la que presta sus servicios.

d) Con el fin de favorecer la interoperabilidad y posibilitar la verificación automática de la firma electrónica de los documentos electrónicos, cuando una Administración utilice sistemas de firma electrónica distintos de aquellos basados en certificado electrónico reconocido o cualificado, para remitir o poner a disposición de otros órganos, organismos públicos, entidades de Derecho Público o Administraciones la documentación firmada electrónicamente, deberá superponer un sello electrónico basado en un certificado electrónico reconocido.

10. Conforme al artículo 9.2 de la LPACAP, los interesados podrán identificarse electrónicamente ante las Administraciones Públicas a través de cualquier sistema que cuente con un registro previo como usuario que permita garantizar su:

a) Identidad.
b) Motivación.
c) Consentimiento.
d) Ubicación.

11. Según el artículo 13.g) de la LPACAP, quienes tienen capacidad de obrar ante las Administraciones Públicas, son titulares, en sus relaciones con ellas, del derecho a la obtención y utilización de:

a) Cualquier medio de identificación y firma electrónica.
b) Los medios de identificación y firma electrónica que tenga a su alcance.
c) Los medios de identificación y firma electrónica contemplados en esta ley.
d) Los medios de identificación y firma electrónica, cuando así corresponda legalmente.

12. Conforme al artículo 9 de la LPACAP (en redacción dada por el Real Decreto-ley 14/2019, de 31 de octubre), los interesados podrán identificarse electrónicamente ante las Administraciones Públicas a través de sistemas de clave concertada que las Administraciones consideren válido en los términos y condiciones que se establezca, siempre que cuenten con un registro previo como usuario que permita garantizar su identidad, previa autorización por parte de la Secretaría General de Administración Digital que habrá de ser emitida en el plazo máximo de:

a) 1 mes.
b) 2 meses.

c) 3 meses.

d) 6 meses.

13. Según el artículo 15 de la LPACAP, la lengua de los procedimientos tramitados por la Administración General del Estado será:

a) Cualquiera de las lenguas oficiales existentes en España que elija el interesado.

b) La que requiera el instructor del procedimiento.

c) El castellano.

d) Dependiendo de la Comunidad Autónoma donde se instruya el procedimiento, cualquier lengua oficial en ella.

14. Señala la palabra que falta, según el artículo 12.1 de la LPACAP. Las Administraciones Públicas deberán garantizar que los interesados pueden relacionarse con la Administración a través de medios electrónicos, para lo que pondrán a su disposición los ………….. de acceso que sean necesarios así como los sistemas y aplicaciones que en cada caso se determinen:

a) Portales.

b) Servidores.

c) Canales.

d) Códigos.

15. Una condición para que pueda realizarse válidamente la identificación o firma electrónica en el procedimiento administrativo del interesado por un funcionario público mediante el uso del sistema de firma electrónica del que esté dotado para ello, es que:

a) El interesado disponga de los medios electrónicos necesarios.

b) El interesado esté obligado a relacionarse con la Administración por medios electrónicos.

c) El interesado se identifique ante el funcionario y preste su consentimiento expreso para esta actuación.

d) El interesado sea una persona física o jurídica.

En MADTEST tienes **más preguntas de este tema**, y todos tus avances quedan registrados y se reflejan en el ranking.

¡Supera tus límites con MADTEST!

Solución al test n.º 30

1. b) Sí, cuando la ley así lo declare expresamente.

2. c) Los que, sin haber iniciado el procedimiento, tengan derechos que puedan resultar afectados por la decisión que en el mismo se adopte.

3. a) Se comunicará a dichas personas la tramitación del procedimiento si éste no ha tenido publicidad.

4. c) Cualquier persona física con capacidad de obrar.

5. a) Para actos de mero trámite.

6. b) 10 días.

7. b) 5 años.

8. d) Con el que figure en primer término.

9. b) La actuación de una Administración Pública, órgano, organismo público o entidad de derecho público, cuando utilice medios electrónicos, se realizará mediante firma electrónica del titular del órgano o empleado público.

10. a) Identidad.

11. c) Los medios de identificación y firma electrónica contemplados en esta ley.

12. c) 3 meses.

13. c) El castellano.

14. c) Canales.

15. c) El interesado se identifique ante el funcionario y preste su consentimiento expreso para esta actuación.

Cómo acceder al Curso

Grupo Administrativo de la Función Administrativa
Test del temario

El uso de los códigos **es exclusivo de los compradores de los productos de Editorial MAD**. Cada producto posee un código único y de un solo uso. Es personal e intransferible y da acceso a servicios y contenidos adicionales. Editorial MAD se reserva el derecho de hacer cuantas comprobaciones sean necesarias para identificar al legítimo poseedor del código y dejar de dar servicio a quien haga uso fraudulento del mismo, además de emprender cuantas acciones legales estime oportunas según la legislación vigente.

Deberás acceder a:

mad.es/registro-campus

Si una vez aceptadas las condiciones de uso del Campus decides hacer uso del mismo, necesitarás del siguiente código de acceso junto con los códigos del resto de títulos que se exigen (si fuera el caso):

TF9QRWPHS2